高校体育场运营与管理

吴俊杰 ◎ 著

吉林出版集团股份有限公司

图书在版编目（CIP）数据

高校体育场运营与管理 / 吴俊杰著． 一 长春 ： 吉
林出版集团股份有限公司，2021.5

ISBN 978-7-5731-0519-6

Ⅰ．①高… Ⅱ．①吴… Ⅲ．①高等学校—体育场—经
营管理—研究 Ⅳ．①G818

中国版本图书馆 CIP 数据核字 (2021) 第 214077 号

高校体育场运营与管理

著　　者	吴俊杰	
责任编辑	陈瑞瑞	
封面设计	林　吉	
开　　本	787mm×1092mm　　1/16	
字　　数	220 千	
印　　张	9.75	
版　　次	2021 年 12 月第 1 版	
印　　次	2021 年 12 月第 1 次印刷	
出版发行	吉林出版集团股份有限公司	
电　　话	总编办：010-63109269	
	发行部：010-63109269	
印　　刷	北京宝莲鸿图科技有限公司	

ISBN 978-7-5731-0519-6　　　　　　　　　　定价：88.00 元

前　言

　　在目前高校体育场馆运营管理中，为使管理效果及管理水平得以提升，相关管理人员应运用科学合理的管理模式，从而为体育场馆更好的运营管理提供基础与保证，进而使体育场馆的作用能够得以更好地发挥，实现其应有的价值及功能。目前，高校教育不断发展，完善高校基础设施建设及管理成为必然需求及任务，而高校体育场馆运营管理就是其中比较重要的内容。在高校体育场馆的运营管理过程中，运营管理模式属于最关键的影响因素。作为高校体育场馆运营管理人员，应加强对运营管理模式的研究及探索，从而使运营管理模式更加具有科学性及合理性，从而使运营管理得到理想的效果。

　　就目前实际情况而言，大多数高校内部体育场馆是依据体育教学、体育训练及体育竞赛要求加以建设的，在实际设计建设过程中，主要是从教学、竞赛及训练要求等方面考虑，故而规模相对较小、功能比较单一，并且标准比较低，无法承接大型运动会及比赛。另外，当前的高校体育场馆大多数年代比较久远，且受资金方面影响，通常设施比较简陋，相关设备专业化程度比较低，且比较缺乏配套服务设置，实际功能比较单一，实际有效利用率比较低。另外，运营管理手段比较单一，在收费系统中仅选择现金结账方式，在实际运营过程中通常只设置单次运动、单次收费方式，月卡、季卡及年卡等办理方式仍缺乏，且运动辅导班模式缺乏，同时开展的体育联赛也比较少。所以，高校体育场馆在市场上缺乏较强的竞争力，欠缺经营型管理方式，自我发展能力及自我生存能力比较差。

　　在高校体育场馆运营管理中，运营管理人员为关键影响因素，也是主要的执行人员，在保证具备一定量专业运营管理人员的基础上，才能够使体育场馆运营管理得到理想的效果。然而，就目前高校体育场馆运营管理实际情况而言，专业运营管理人员仍旧比较缺乏，大部分高校都是由体育教学部门执行体育场馆的运营管理工作，导致体育场馆的运营管理很难取得比较理想的效果。一方面而言，体育教学部门工作人员还需要执行体育教学教研工作，缺乏充足时间及精力投入体育场馆的运营管理中，对体育场馆运营管理缺乏深入研究，从而使体育场馆运营管理效果受到影响。另一方面而言，体育教学部门工作人员不具备运营管理方面的专业知识及能力，很难有效落实运营管理工作，导致体育场馆运营管理很难满足实际需求，影响其发展。

目　录

第一章 高校体育场馆的理论研究

第一节 高校体育场馆的优化改革

本节主要对新时代高校体育场馆设施、开放与利用、经营管理等方面进行了研究与分析。在研究中发现各方面还存有较多的问题，为了更好地促进新时代高校体育场馆的优化改革，响应政府全民健身的号召，把习近平总书记新时代中国特色社会主义思想要求落到实处，为我国新时代体育事业的发展贡献出积极的力量。本节梳理了新时代背景下高校体育场馆改革的必然趋势，系统地分析了高校体育场馆现状，并提出了优化的策略。

党的十九大取得了丰硕的成果，做出了历史性的贡献，习近平新时代中国特色社会主义思想是党的十九大的灵魂。新时代需要新奋斗，呼吁着体育的新发展，新时代也是体育精神、理念与实践互相影响的时代。高校体育场馆是体育事业发展的物质保障，在体育发展中占有重要的地位，甚至体育场馆的发展情况直接影响到体育事业改革发展的前景，是衡量国家体育实力的一项重要指标。习近平总书记在全国卫生与健康大会上提出："没有全民健身，就没有全面的小康。"由此可见，全民健身在通往小康道路，也为加快推进体育强国建设做出重要的现实意义。不仅由政府提倡全民健身政策加强了人们对体育运动的追求，同时，随着人们物质生活水平的提高，人们把眼光投向于自身的健康方面，也意识到了体育对身体健康标准状况的影响，人们愿意"花钱买健康"，人们对体育的追求越来越大，而高校的体育场馆作为高校教学设施的一部分，具有很重要的作用，不仅具有担任体育教学任务的角色，使体育教学活动顺利地开展，而且随着我国改革开放的深化以及为了响应国家政策的实施，高等学校的体育场馆也越来越多元化，服务对象不仅有学生和教师，还面向社会群体。高校体育场馆是体育产业中重要的环节，是发展体育事业的基础，高校体育场馆发展的好坏在一定程度上影响体育事业改革发展的前景。本节通过对新时代高校体育场馆进行各个方面的研究，发现仍存有一定的问题，并根据相关问题提出相对应的政策，来促进新时代高校体育场馆的优化改革，把习近平总书记新时代中国特色社会主义思想及体育思想引向深处、落到实处，并且勇于创新，为体育事业的发展提供坚实的理论基础，为建设体育强国出一份力。

一、新时代高校体育场馆改革的必然要求

（一）体育相关政策的硬性要求

在党的十九大报告中，习近平总书记提出："广泛开展全民健身活动，加快推进体育强国建设"，这是对体育发出的动员令，吹响了体育的冲锋号，因此，必须深刻地认识全民健身、体育强国的内涵，动员和带领人们落实这个战略，提高人们的体育意识，增强人们的身体素质，强化人们的体育精神，满足人们对体育的向往。党的十八大首次提出了"广泛开展全民健身运动，促进群众体育的全面发展"的战略目标，这些所有的政策都足以表示国家对体育的重视。高校的体育场馆就是体育运动开展的重要场所，不仅担任在校学生教学及训练的任务，还要服务于社会。这为新时代高校体育场馆的发展带来了前所未有的契机。

（二）市场经济发展的潜在要求

随着人们物质生活水平的提高，人们的观念也发生着巨大的变化，开始从物质需求转化为精神需求，在这个过程中，意识到了体育的重要性，体育不仅可以强身健体、增强体质，而且对人们的性格及心理也发生着巨大的变化；再加上政策的实施，社会对体育活动的开展，人们对锻炼的需求逐渐加大，因此，出现了市场上缺乏体育场地的现象，出现了供不应求的状况。然而，市场为了经济的发展，把高校的体育场馆作为经济发展出现问题的解决手段，不仅解决了人们健身的需求，而且市场经济也得到了发展。因此，新时代的市场发展需要我们去充分地研究与开发高校的体育场馆，以满足社会市场经济的需要。

（三）满足人们美好生活需要的必然要求

党的十九大报告中提出，当前我国的社会主要矛盾已经转化为人们日益增长的美好生活需要和不平衡不充分的发展之间的矛盾与体育是人们追求美好生活需要的重要因素，特别是在当今人们物质生活水平的提高及对身体健康状况意识增强状况下，体育已也成了人们幸福指数的衡量标准，逐渐成为人们美好生活需要的重要组成部分。高校体育场馆不仅在学校担任着教学任务，而且在社会体育活动中也是重要的环节。因此，高校体育场馆的运用成了满足人们美好生活需要的必然要求。

二、新时代高校体育场馆现状探究

（一）新时代高校体育场馆设施情况

新时代由于人们对体育场馆的需求，高校体育场馆担任着社会群体活动场所的重要角色，以满足人们生活需要为基础，增强人们的体质，提高人们的幸福指数，因此，对高校体育场馆提出了更高的要求。例如，要有田径场、篮球场、足球场、网球场、排球场、乒乓球场等室外的场地，同时也应有田径馆、羽毛球馆、游泳馆、体育舞蹈馆、武术馆等室

内的场地，以及相关的餐饮店、休闲服务区以及更衣室、运动后沐浴室等设施。然而，高校体育院校场馆设施并没有那么的完善。如雷厉在《对北京高校体育场馆资源利用现状及影响因素的研究》中提出，我国在体育场馆的投资与数量上有较大的差距，在场馆设施的分布上也有许多的不足之处。在数量上，虽然有所增加，但是与国外相比差距仍旧很大，场馆设施不完善，并且投资资金明显不够，经济实力成为体育场馆设施建设的重要原因。新时代高校体育场馆的规模、设施、资金都存在不足的现象，维修费用更是不到位。体育场馆还不能够满足新时期人们对体育锻炼的向往，不能满足人们对体育生活的需要。因此，我们要了解学生和大众的需要，满足人们的需要，实现以人为本的观念，减少体育场馆设施与配置对学生或者大众人群所产生的弊端。

（二）新时代高校体育场馆开放与利用情况

新时代高等体育院校不仅兼顾着体育教学、学校师生的身体锻炼的活动，而且还兼顾着服务于学校周边热爱体育运动锻炼者的任务。本着响应国家全民健身的号召，许多的高校体育场馆实行场馆对外开放的措施，但在对外开放的时间及对外开放的形式等方面还存在一定的局限性。在谷俊辰的《河南省高校体育场馆管理与社会开放研究》中显示出：河南省高等体育院校对外开放还存在数量问题、供需矛盾的问题、日常教学和师生活动及社会开放等三者之间使用冲突的问题等，这些问题都需要急切地去解决。总体来说，我国的高校体育场馆对外开放率还是比较低的。在新时代高校体育场馆开放过程中的有偿服务形式还是比较单一的，都是进行简单的训练和场地的租赁。在杨艳的《高校体育场馆经营策略研究》中强调，出现高校体育场馆开放时间与社会开放相矛盾的现象，因此体育场馆的开放应需要做出完善措施。在杨意峰的《高校体育场馆社会化利用营销策略构建》中强调，当前，我国存在着短缺与浪费场馆资源的情况，说明场地利用并不充分。新时代高校体育场馆一部分还存在场馆利用不充分的现象，高校体育场馆在完成教学任务之后，还处于闲置的状况，并且对外进行开放时，一般是在节假日或者是周六日，并且也没有进行管理和宣传，而工作日专为师生员工提供教学使用。因此，很容易导致场馆闲置、平均利用率不高，也导致社会功能和经济功能发挥受到限制。

（三）新时代高校体育场馆经营管理情况

高等体育院校体育场馆的经营与管理好坏，影响着场地是否可以发挥设施的功能和使用寿命，更关乎国家开展的全民健身计划实施的效果，在体育的发展中担任着重要的角色。新时代我国高校的体育场馆比之前有了很明显的进步，但是我国场馆的经营与管理方面还有许多不完善的地方。前瞻产业研究院曾经发布的《2013—2017 年中国体育场馆行业运营模式与发展前景分析报告》认为，中国体育场馆在经营与管理中，存在着使用率、功能、管理观念、营销手段等方面的问题，因此，新时代中，高等体育院校要克服此类现象。例如，陈三五的《湖南省普通高校体育场馆资源的配置与管理研究—以湖南省"211 工程"院校为例》中显示，管理过程中存有管理人员、管理模式、管理制度等方面的问题，因此，在管理模式、制度方面还存在一定的欠缺。在新时代，高校体育场馆的管理人员并不是由专业的管理者进行管理，而是由教师兼顾或者由学校管理部门聘请的临时工，他们没有接受过体育管理专业的学习和指导。即使可以完成自身的本职工作，但是从体育场馆管理的经验、专业的知识、体育教学的训练，以及场馆资源的有效配置等方面还有所匮乏。因此，为了体育场馆的科学运行，一些高校体育场馆的管理能力需要提高。

三、新时代高校体育场馆优化改革

（一）新时代高校体育场馆设施的优化策略

加大对体育场馆的投资。新时代体育的火爆发展，人们对体育的需求越来越大，现有体育资源无法满足人们对体育的需求。高校的体育场馆在担任教学任务、培养体育人才的同时，应适度地对外来人们进行开放。但是毕竟资源有限，再加上对体育场馆的不合理利用，出现破损现象，降低了体育场馆使用的寿命。因而，资金就成了一个大的问题。相关部门应科学合理地加大对体育场馆的投资，以便发挥其更大的功能。

树立以人为本的意识。处于新时代的中国特色社会主义，在国家大力提倡全民健身的大背景下，我们应根据人民对体育的追求树立以人为本的意识，把满足人们对体育的需要作为出发点和落脚点，以人们对体育锻炼情况的满意度为评价标准，让人们提高对体育的幸福感。新时代的高校体育场馆的负责人应主动满足人们对体育锻炼的需要，担当发展体育的责任。

（二）新时代高校体育场馆开放和利用的优化策略

体育场馆进行多元化运行。新时代高校体育场馆在管理运营方面应进行多元化的运行，而不仅局限于单一的租赁方式。对外进行有偿服务不仅仅面向社会的体育服务，同时也可以满足其他方面对场地的需求，如社会团体、单位人群等。除了羽毛球馆、武术馆、篮球馆、网球馆等对外进行有偿服务外，还可以开展咨询培训、体育会演等活动。例如，可以承办各类的比赛和表演，引入各类的体育赛事，运用市场化的手段举办事业单位的运动会；举办培训班，充分利用学校的基础设施及丰厚的师资进行培训，不仅增加了经济的收入，提高了学校的知名度，而且也响应了国家全民健身、打造体育强国的号召；还可以开发广告业务，开展各类的商业活动，如赛事广告、冠名广告、开展体育装备展、服装展；另外，还可以筹划一条龙的服务中心，如在体育场馆建立综合服务中心、健身娱乐休闲活动为一体的体育服务，把与体育相关的潜力都挖掘出来，使新时代高校体育场馆有偿服务的形式不再单一化，而是向多元化的方向发展。

提高体育场馆的利用率。处于新时代的高校体育场馆应准确地认识到自己学校场馆的特点和状况，并且借鉴其他体育场馆运营及管理的措施，在满足自身教学需要的同时，充分利用起自己的体育场馆，提高场馆的利用率。通过多种方式对体育场馆进行开放，挖掘出体育场馆所存有的潜力，满足人们对健身的向往，为全民健身做出贡献；同时，在一定程度上促进经济的发展。

（三）新时代高校体育场馆经营管理的优化策略

加强体育场馆人员的能力。体育场馆工作人员的工作效果直接影响体育场馆使用的期限，不管是对场馆的维护方面的管理、体育教学训练使用方面的管理，还是对外经营方面的管理，对管理人员都有较高的要求。然而，目前我国的体育场馆专业管理人员特别缺少，2008年北京奥运会的5名经济顾问都来自于国外，说明我国专业的体育管理人才和国外还存在一定的差距。因此，提高体育场馆管理人员的专业能力是当务之急的事情。学校可以聘请专职人员进行管理，同时对其他管理人员进行统一的专业培训活动，学习国外先进的理念，提高体育场馆人员的专业水平、综合素质及服务质量。

建立健全的规章制度。新时代高校体育场馆都应有合理的制度，俗话说："无规矩不成方圆。"因此，都应制定和遵守规章制度。然而，有些学校即使有制度，也是个摆设，不按照规矩办事，不严格遵守规章制度，不利于管理。学校应建立健全规章制度减少损失，创造更高的价值。

建立科学的管理体制。新时代的高校应根据自身体育场馆的特点和情况制定科学的管理体制；同时，借鉴优秀学院对体育场馆的管理与运营方法进行管理创新。可以利用多媒体增强体育场馆的宣传度，以便挖掘潜在的消费者，使体育场馆的管理方式更加科学，为自身、为社会、为国家创造更高的价值。

党的十九大不但指明了新时代中国特色社会主义的目标，而且也明确了中国特色社会主义进入新时代后体育发展方向，明确地提出了体育强国的道路。高校体育场馆不仅作为高校体育教学的载体，而且也是人们锻炼身体活动的主要场所。在这种情况下，对高等体育院校的场馆设施、开放与利用及经营管理方面都进行了深入的研究。在研究中发现，体育场馆设施满足不了人们对体育美好生活的需要，对外开放比较单一，不具有多元化，场馆利用率较低，体育经营管理人员及规章制度、管理机制还不够健全。通过对各方面地分析提出了相应对策，以保障高校体育场馆可持续、健康有效地发展，响应国家建立体育强国的号召，为我国体育事业的发展做出一定的贡献。

第二节　高校体育场馆社会化

本节以《教育部、国家体育总局关于推进学校体育场馆向社会开放的实施意见》为切入点，采用文献研究法、问卷调查法、访谈法等研究方法，对高校体育场馆社会化的风险类型进行了分析，通过风险管理学理论基础找出了我国高校体育场馆社会化的风险及其适用的规避方法，为我国高校体育场馆能够持续、稳定、安全地对社会开放提供部分理论依据。

国家号召"全面建成小康社会"是新时代发展的重要目标。随着《健康中国2030》规划纲要的颁布，标志着我们国家在实现全面小康的道路上又进一步。随着我国经济和社会的不断发展，人民群众已经不再担忧温饱问题，逐渐开始崇尚健康的生活方式，体育运动就成了居民生活不可或缺的一部分。高校体育场馆作为全民健身的重要物质基础的一部分，这就要求其在新形势下考虑如何更好地发挥社会服务功能。但是高校体育场馆社会化后，就必然会增加高校管理的风险及压力，为了更好地让我国高校体育场馆设施长久、持续、高效的对社会开放，更广的服务于大众，必要的手段就是控制及规避其潜在的风险。

一、高校体育场馆社会化的必然性

（一）国家对高校体育资源开放提出的新要求

《体育法》中规定了公共体育设施应当向社会开放，方便群众开展体育活动，国家还根据《体育法》制定了一系列的政策用来促进各级教育管理系统的体育场馆对社会开放。国家早在2017年2月14日就颁布了《教育部、国家体育总局关于推进学校体育场馆向社会开放的实施意见》相关文件（教体艺〔2017〕1号），目的就是缓解群众体育锻炼与公共体育资源短缺之间的矛盾。文件中要求各地要提高认识、统一思想，积极、稳妥、逐步创造条件推进开放工作，不断提高学校管理及体育工作质量和水平。高校作为我国教育改革的排头兵，体育资源既有数量上的优势，也有质量上的保证。为此国家提出新要求，在不影响正常教学和科研实践的前提下将高校体育场馆对外开放落到实处，从而提高体育场馆的使用率，达到促进全民体质健康发展之目的。

（二）社会体育发展对体育资源的迫切需求

新时期，社会生产和生活方式发生了翻天覆地的变化。在健康中国的背景下，人民群众的健康意识不断增强及全民健身理念的推广下，全国掀起了体育健身热潮。由于体育活动的进行需要活动场所的支撑，因而体育场馆设施资源是进行运动锻炼的基本保障，但当前我国公共体育场地设施缺乏且地域分布不均匀，在一定程度上影响了全民健身的进程。具有体育设施齐全、环境优美、氛围和谐及运动水平专业优势的高校体育场馆是弥补全民健身场地匮乏的重要部分。

二、高校体育场馆社会化的风险分析

高校体育场馆社会化风险损失一般由高校自主承担，这样必然会阻碍高校体育场馆在一定程度上对外开放，所以分析高校体育场馆社会化的风险对完善高校风险防控和管理措施显得非常重要，避免自身损失过大而影响学校正常的教学活动。

（一）高校体育场馆社会化风险的内涵

风险，就是生产目的与劳动成果之间的不确定性。"预期与实际结果的差异"是风险管理学上的定义。法律上则把风险定义为"损失的不确定性"。本节认为高校体育场馆社会化的风险是指"高校体育场馆社会化过程中而发生的各种扰乱学校正常秩序和危害师生及他人生命财物安全的事件和现象"。

（二）高校体育场馆社会化风险的类型

根据风险管理相关的理论，对风险具有不同的分类。本节经过总结，认为高校体育场馆向社会开放的风险主要存在：安全风险、管理风险、经营风险以及道德环保风险等四个方面。

（1）安全风险。高校体育场馆社会化的安全风险包括人身安全和财产安全。人身安全是指高校体育场馆社会化过程中会有大量的、素质参差不齐的社会人员在相对集中的时间进入高校，这样难免会有不法分子乘机进入校园对师生实施犯罪；人身安全还包括社会人员由于锻炼不当或者使用体育设施不当所造成的意外伤害。财产安全包括进入校园锻炼的社会人员在校期间由于疏忽大意而造成的自己财产损坏或丢失；还有就是随着锻炼人员的激增，体育器材设施使用频率大增或使用人员的过分、不当使用而导致的体育场馆设施损坏，这些也造成校园资产的流失。

（2）管理风险。组织管理风险主要是指管理机构和管理机制的不合理，具体来说就是在管理的过程中方法不当，或者是忽略了管理的重要性而导致的风险。比如管理者的决策或判断失误、疏忽大意等引起场馆管理风险事件。高校体育场馆在社会化的过程中，相应的管理环境也不断放开，由于社会人员的复杂性，使得管理对象越来越复杂、内容也越来越多，假如管理者经验不丰富，管理知识不够专业就会形成管理不当。轻者可能会造成场馆维护不当、安排不合理，影响学校正常的体育教学工作秩序，重者可能由于管理不当而导致人身危害等安全事故的发生和学校声誉的重大损失。

（3）经营风险。经营风险，具体指的就是指学校体育场馆在对外开放经营过程中由于经营不善或疏于经营而给学校带来利益损失。

通过调查分析，高校体育场馆社会化一般有三种模式：第一种是体现社会效益最大化，指各高校自主经营管理的模式。它采取全部或者是部分场馆设施免费的开放形式，这样的经营模式管理经济收益低下，很难长期坚持，维护场馆开放的经费主要依靠政府、学校拨付；第二种是委托经营管理模式，它就是将体育场馆设施委托给专业的第三方机构，即借助于第三方的专业机构优势，实现对场馆设施的专业化管理。这种专业机构的市场化运作模式经济效益可观，能尊重体育发展规律，也能符合市场发展的需求，但过分强调市场就忽略了校方的自主权，为控制监督经营方造成困难。随着场馆开放程度的加大，就难免对本校教学训练及师生健身产生影响；还有一种是高校自身成立体育俱乐部并依托其形式对外开放的模式。该模式属于公益性质，收费低廉，不能满足场馆的正常运行，但其社会效益可观，能提供较高层次的体育服务。

（4）道德环保风险。道德环保风险包含道德、环境不受污染及其可持续发展等多层风险。我国高校无论从人文环境，还是自然环境都是其他体育场所无与伦比的，优越的软、硬件条件能极大程度吸引社会人员前来锻炼，这为保护学校的环境安全带来了压力，比如噪音、卫生污染等。同时，外来社会人员自我约束能力差异性很大，少数素质不高者衣冠不整、言语粗俗、行为不雅的现象会影响学校人文环境，影响颠覆大学生正在形成的健康的世界观，对其成长极其不利。

三、高校体育场馆社会化的风险规避策略

风险管理是一个过程，由"风险"的识别、量化、评价、控制、监督等过程组成，通过计划、组织、指挥、控制等职能，制定风险管理策略，科学规避风险。通过分析高校体育场馆社会化的各类风险表现形式及产生的原因，并学习和借鉴其他体育场馆管理的成功经验，结合专家们的多种咨询建议，本节认为应从以下几个主要方面采取相应措施，规避高校体育场馆社会化的潜在风险。

（一）强化提升风险识别与控制的意识，建立体系化的风险防控机制

各式各类的风险，是不以人的意志为转移的，因此风险识别与控制的意识必须树立。学校要结合工作实际需要，通过各渠道加强宣传风险识别与控制的重要性，加强开展对校内外人员的风险识别及控制的教育工作，把风险的相关理念贯穿于日常的工作生活当中，并出台相关的政策及法律法规，用来保护高校体育场馆的社会化。

（二）开展安全宣传和道德素质教育

通过培训、讲座、横幅、会议等多渠道形式开展安全道德教育宣传。校内人员要以身作则，对一切有可能产生风险的行为尽可能的进行劝阻，防患于未然。每个管理人员必须要对场馆开放有可能发生的安全隐患有清晰的认识，人人提高警惕，人人能明确自己的责任和义务。校外人员也要通过多渠道形式开展必要的安全宣传和道德素质教育，比如通过签订安全告知书、观看相关的安全视频等方式后方可进入体育场馆进行体育锻炼。

（三）完善体育馆风险管理的制度、制定法律援助机制

利用科学技术管控风险，利用制度防范风险，建立法律援助机制应对风险。通过针对性地提出具体的方案制定制度，比如建立场馆准入制度、设定最大接待人数限额等，形成制度定期和不定期进行风险识别及控制的检查，经常开展风险防控演练。利用自身优势，建立多部门多机构立体化、多维度的风险防范协作机制，积极与法律部门建立联系，建立法律援助机制。一旦出现安全事故，可以第一时间获取法律援助，从而减少自身的法律风险，规避不必要的风险和麻烦。

（四）选择合理的运营机制，完善产出绩效考核制度

多种运营主体的高校体育场馆的运营模式和营利行为密切相关，体育场馆对外开放中，相关利益体众多。据调查，目前我国高校场馆设施运营方式有以下三种：一是高校

自主经营按小时或运动项目收费的形式。另一种是委托经营管理形式，它主要是学校体育场馆对外承包，按照市场制定价格。还有一种居少数的合作运作形式，它主要是通过与政府、社会单位以及企业单位进行合作的一种运作模式。各种运营模式都有利弊，为了推进体育场馆运营管理模式的改革创新，新兴的 PPP 运营模式被体育馆引入应用。PPP（Public Private Partnership），又称 PPP 模式，即政府和社会资本合作，这种模式主要采用办理健身卡、持卡进入场馆的模式，它是一种多赢有效地运作模式。积极探索体育场馆社会化的运营方式，然后选择建立稳定的、适合本校实际情况的运营模式，是规避学校经营风险的有效途径。

（五）建立突发事件的应急预案

在防范体系下建立应急预案，体育场馆潜在的各类风险不可能完全被规避或控制，遇到突发事件，各司其职、各尽其责，及时上报处置，准确把握事实和重点，采取相应措施及时处理，实施救治，相关部门要在第一时间赶到现场，及时做好善后工作，并对在整个突发事件过程中出现问题的人或物进行检查、评估，再完善一套切实可行的针对此类突发安全事故的应急方案。对制定的各项风险管理政策、制度进行专人监督，保障各项政策的落实情况，切实做好场馆风险管理工作。

第三节　高校体育场馆 PPP 服务

随着人民生活水平的改善，对身心健康的要求也不断提高，继而引发对体育场馆的需求上升。全民健身热潮下，人民日益增长的体育场馆需求同供给不足的场馆间的矛盾日益冲突。而高校体育场馆具备准公共产品属性，应然需要对外开放，因其特殊属性导致对外开放率并不高，那么如何在现有资源下扩大对外开放，服务全面健身热潮成为议题。基于此，本研究运用文献资料法、逻辑分析法、归纳法等，尝试从 PPP 模式（公私合营）的视角出发，结合 PPP 模式国内外成功经验，分析其在高校体育场馆应用前景，并尝试提出高校体育场馆应用此模式的合理化建议。

由于健身产业的快速发展，市场化程度越来越高，对体育场馆的需求上升，因而社区与经营性健身场所已经不能满足群众的健身需求。作为保障群众休闲健身的基础硬件设施，在全民健身时代背景下，供给不足问题凸显，这也与当前我国社会矛盾"人民日益增长的美好生活需要和不平衡不充分发展之间的矛盾"这一论断不谋而合。群众健身难、健身贵、无处可去等一系列问题已成为社会焦点，对于相关问题的研究已成为学者亟待解决的命题。PPP 模式是指政府与社会资本合作模式，李克强总理在政府报告中多次强调"在基础设施、公共事业等领域，积极推广政府和社会资本合作模式，并给予极大地政策支持"，这从国家宏观层面对此模式的应用作了诠释，会成为我国体育场馆经营管理模式选择的主要政策依据。国外较早采用这种模式应用于大型的公共基础设施建设，比如水利、桥梁、通信等领域。20世纪后半叶欧美等发达国家将此模式广泛应用于大型体育场馆设施的建设，而我国在此方面的应用才刚刚起步。高校体育场馆是体育场馆的重要组成部分，但是由于其特殊属性在建设经营过程中并不能照搬社会体育场馆的优势经验，因而在满足基础教学功能同时对外开放，服务大众健身仍有许多问题。因此，本研究立足国外优势经验，结合高校场馆特性，提出高校场馆模式应用PPP模式的几点建议，为PPP模式的推广应用提供理论参考。

根据第五次及第六次的全国体育场地普查数据显示，我国体育场地数约为170万个，其中室内场地17万个，室外153万个，体育场地面积约为20亿 m²，人均场地面积1.5m²不到。这样的数据距离国务院46号文件中提到的，到2025年我国人均体育场地面积要达到2m²的目标还有很大缺口，以全国14亿人口计算，2025年全国体育场地面积要达到约28亿 m²，体育场地数量有望超过250万个。我国人口基数庞大，但场馆数量与人口不成正比，且多数场馆的归属权为政府，商业化、市场化水平低，且对外开放的场馆数量有限，据不完全统计，当前我国体育场馆对外开放率只有36%。我国体育人口（每周运动三次，每次30分钟，且达到中等以上强度的标准）的比例不足30%，相比发达国家体育人口70%的比例任重而道远。同时需要关注的是，我国青少年（学生这一群体体质健康水平更是引起社会广泛关注）体质健康状况呈26年连续下降趋势，虽然政府采取一系列的干预措施想改变这一现状，但是结果差强人意。人均体育场地面积不足成为现实阻碍。当前社会矛盾已转化为人民日益增长的美好生活需要和不平衡不充分的发展之间的矛盾。而学校体育场馆作为体育公共服务一环在此环境下应顺应社会需要，为全民健身提供长足动力。当前我国学校体育场馆存在资源短缺与浪费严重的现象，在经营组织和日常维护等方面有效机制不明确，导致责任主体不清晰，致使场馆资源利用率低。我国学校体育场馆数量增速明显，但是学校体育场馆功能偏向于服务教学、训练和学生的课外兴趣活动，场馆的对外开放程度有待进步，因为运营主体是学校，市场化介入因素很小，所以学校的体育场馆利用率低，加之成本约束机制的缺失，导致维护成本过高，场馆资源浪费严重。所以如何在现有的场馆资源情况下，满足学校正常教学活动和校外群众健身需求，成为热点问题。

一、PPP模式在国内外体育场馆的应用实践

以美国为例，20世纪七八十年代美国的体育产业发展迅速，且市场化程度很高，相关的法律保障为体育产业保驾护航。同时，政府开始允许民间社会资本进入体育场馆投资建设，NBA菲尼克斯队的主场球馆是较早采用PPP模式由政府和民间资本共同投建的，其中政府的投资约占四层，社会资本占六层，投资人依靠球场广告收入、赞助费、场地出租等形式经营场馆。民间投资人聘用专业的团队与公司打造球馆，收入持续增加，球馆不断升值。此时政府扮演着受益人角色，太阳队每年缴纳50万美元的收入给政府，且保持

年百分之 3 的增长率上缴当地政府。此后的 2000 年悉尼奥运会主场馆、2012 年伦敦奥运会场馆都采用 PPP 模式投建。2008 年北京奥运会主场馆鸟巢是集大型体育竞赛、文艺演出等活动为一体的多功能体育场，即采用 PPP 模式建造，这也开启了 PPP 模式在我国体育场馆应用的先河。政府向社会公开招标，中信等其他三家公司成功中标，政府方面由北京国资有限公司与民间代表中信建团两家公司共同组建了国家体育场责任有限公司，政府占股 58%，民间占股 42%。在投资建成后，允许中信集团享有 30 年的经营权。

二、PPP 模式的优势分析

（一）收益共享、风险共担

高校体育场馆准公共产品的属性决定了其对外开放的必要性，在对以往学者研究中可以看出高校在对外开放的过程中，承担了相应的风险，从而导致开放意愿不是很强。高校体育场馆在满足自身教学功能的同时对社会开放，可以缓解当前供需不匹配问题，但群众在锻炼过程中有发生意外事故的风险，学校最后成了责任主体。PPP 模式的引入可以有效规避此类问题，从利益相关者角度，社会力量采用市场化方式经营管理场馆，通过购买商业保险等方式，可以有效降低场馆安全风险和不可预见性的风险。

（二）解决高校场馆资金短缺问题

一直以来，资金问题是制约高校体育场馆对外开放的主要因素。高校体育场馆在教学期间要满足学生上课及竞赛训练的要求，长期的使用磨损加快了设施的更换周期，人员费用与维修费用是一笔极大的开支，所以高校在对外开放的问题上的意愿不是很强烈。如果采用 PPP 模式，可以从源头解决资金问题，有效吸纳社会民间资本，政府与高校在此过程中扮演参与者与服务者的角色。采用专业的经验管理模式可以从体制上弥补传统模式下投资无回报的制度缺陷，实现市场化运作，收益的为高校与合作主体。

（三）市场化运作，提高运营效率

传统的高校体育场馆建设为学校后勤或基建处参与，外包给社会建设公司，大多数施工方不是专业做体育场馆设施建设的，所以在实际过程中细节落实不到位，在后期的维护保养过程中由后勤统一管理，管理方式不科学。PPP 模式采用市场化运作方式，可以有效提高运营效率。与传统相比，引入市场竞争机制，不仅拓宽了资金渠道而且还优化了投资结构。学校通过公开招标的方式引进投资方，采用先进的方式建设，先进的理念经营，可以有效提高运营效率，在对外开放的时间、定价标准制定等环节更加人性化、高效化。

三、高校体育场馆实施 PPP 模式的几点思考

（一）政府：建立健全法律法规，保障管理运作的规范性

在 PPP 模式下，加快建立健全相关法律法规是保障高校体育场馆积极吸收社会资本、

扩大对外开放、服务全民健身的有效保障。PPP项目是一个复杂的系统工程，需要多部门全方位的配合协调，尤其是法律关系复杂，需要完善的法律法规对项目的招标、建设、经营等环节加以规范。从当前政府的文件中可以看出，PPP模式是我国大型公共设施发展的趋势，相关的配套政策、地方性的管理制度还不能完全匹配，需要政府研究并出台相关法律文件，落实到高校主体，尤其要界定清楚相关方的责任、义务、风险，以及对外开放的收费标准。

（二）学校：拨正思想，践行社会服务职能

培养人才、科学研究、社会服务是高校的三大职能。社会服务职能主要体现在这几方面：（1）为社会提供场所设施；（2）提供人才、技术；（3）主动参与社区研究、解决实际问题。长期以来，我国普通高等学校的学校体育在服务社会职能上的指导思想有偏差，高校体育场馆在满足自身教学、训练的同时对外开放的意愿并不强烈。理念是行动的指南，只有树立正确的发展理念，才能有效服务实践，方能满足日益开放化、市场化、社会化的高等学校体育工作发展的需要。从理念到实践层面，层层落实，以期服务全民健身，促进全民健康。

（三）社会：加强专业人才培养，保障管理效率

专业的人才团队是保障投资经营活动成功的核心因素。研究表明体育产业发达的国家，比如美国、英国、德国等都注重体育相关专业人才的培养，在高校开设体育产业相关课程，且分类十分细致。PPP模式在中国的发展时间不长，其操作模式的复杂性与多样性要求专业的人员从事，从业人员需要了解金融、投资、法律、债务等多方面专业知识。我国尚处于摸着石头过河的经验探索阶段，很多范本是借鉴西方发达国家，加快相关专业人才的培养是当务之急。具体路径可以通过：（1）公派专业骨干到域外考察招标、建设、经营等具体流程；（2）邀请国外专业团队到国内集体授课，对具体项实施培训。

随着体育产业市场化发展的深入，PPP模式会广泛应用于体育场馆领域，公私合营的方式解决了高校场馆资金短缺的问题，收益共享、风险共担。市场竞争机制的引入将倒逼场馆经营者提高服务质量与经营效率，这是供给侧改革在体育领域的具体体现，此模式最大限度地将公共体育资源的合理要素最优配置，实现资源的高效供给，在时间、项目等环节不断优化以满足大众的健身需求；同时需要注意的是PPP模式在高校体育场馆中的应用还没有丰富的实践经验，但它对于体育场馆的发展具有重要意义。随着产业政策的落实，市场环境的不断改善，PPP模式应用于体育场馆建设与管理成为趋势，以期更高效地服务全民健身。

第四节　高校体育场馆的设计

对于一座建设于高校内的体育场馆,我们关注的不仅仅是体育场馆对赛事功能的满足,我们还关注体育场馆的建成对校园和城市的长期影响。体育场馆的落成对校园环境的改善、体育场馆赛后的场馆运营问题、体育和教育相结合等问题是我们设计的中心所在。本节主要分析如何设计出更加合理的高校体育馆,在满足日常教学使用和学生的体育训练要求,思考出最合理、最实用的高校体育场馆设计,为高校体育场馆未来的建造提供一定的参考与借鉴作用。

一、项目定位与目标

高校体育场馆在满足学校正常教学要求的基础上,兼顾大型运动会的比赛要求,赛后作为学校的体育设施加以利用,这是当前高校体育馆发展的重要模式。

大型体育比赛场馆赛后的综合利用同时也是体育场馆设计的难点之一,因此,对主要面向学校教学和学生运动的高校体育馆而言,不能把建设标准定得过高和不切实际,避免赛后管理增加难度,造成资源浪费。故应灵活考虑在配套设施及功能用房设计上预留可扩展和增设临时设施空间和条件,以满足各级比赛要求。

二、总体规划

(一)设计目标

完善的赛时功能保证。充分的赛后利用规划。按照"满足功能,结构合理,外观有特色"的总体要求,以经济、高效、务实、开发的理念进行总体规划和单体设计。

(二)空间形态

考虑体育建筑的基本要求,对大跨度、大空间进行"量体裁衣"是设计始终坚持的原则。表皮、室内结构的一体化设计,室内、景观与建筑的一体设计,力求各方面的最佳与平衡与整体效果一气呵成。综合运用玻璃幕墙、不锈钢板、铝合金百叶等材质以表达现代体育建筑简洁的气质。

(三)交通系统

交通设计的核心是确保公共交通、紧急车辆、私人汽车(包括后勤车辆),以及残障人士、自行车和步行者都可顺利到达体育场馆内的所有区域,满足所有运动员、师生、员工和观众的任何通向需求。

保证赛时一场一馆有一个完整的交通体系:设有单独出入口,从而尽量减少对日常教学的干扰。

三、体育馆单体设计

（一）建筑规模等级

体育建筑等级应根据其使用要求可分为特、甲、乙、丙级。根据座位的容量可以分为特大、大型、中型、小型。体育馆作为综合性设施进行多项竞技和训练使用时，应根据所开展的运动项目和相应的竞赛规则要求，合理确定比赛场地尺寸、设备标准和配套设施，并据此进行建筑设计。

（二）平面功能布局

体育馆一般由比赛馆和练习馆两部分组成。练习馆主体空间为一层通高空间，保证了与比赛场地同一标高，方便赛时的使用。一般可进篮球、羽毛球、排球等训练项目。练习馆一层设独立门厅，供男女使用各一套休息厅、卫生间、更衣室和淋浴室，以及供练习馆使用的设备用房。比赛馆可用于篮球、排球、手球等多项比赛，底层设置运动员区、贵宾区、裁判区、记者区、竞赛管理用房等功能用房。无比赛时，除设备用房等不便改造的功能用房外，还可根据需要改造为健身中心、体育用品商场、咖啡厅等经营用房。体育馆主馆二层为观众门厅、休息厅及公共卫生间、小卖等用房，并由部分营业用房。观众可由室外大台阶直接到达二层观众入口大厅，再进入座席区。

（三）场地设计

体育馆场地的布置可供手球、篮球、排球、网球、羽毛球、乒乓球、举重拳击、摔跤、武术等多种运动项目的比赛和练习。通过活动座席的设置调节内场大小，灵活使用。

"现代体育建筑的复合化是以提高场馆设施的效率为宗旨"，所以设计中对提高场馆利用率方面进行了多项考虑。比赛场地充分考虑了多种比赛的要求，可适应篮球、排球、手球等各类球类和体操武术比赛，平时也可作为训练场地使用。一层练习馆、运动员休息厅和检录大厅可在平时改造为健身中心用房长期对外开放，可根据市场情况布置羽毛球、乒乓球场地，运动员的更衣、淋浴可供健身人群使用；健身中心的临入口区可视需要改造成营业用房，如体育用品、商店、咖啡厅、小型超市等。平时二层观众门厅、休息厅可作为健身俱乐部，布置台球、乒乓球等设施，或瑜伽、健美操等场地或休闲酒吧、咖啡厅等娱乐用房。

（四）视线设计

根据运动项目的不同特点，使观众看到比赛场地的全部或绝大部分，且看到运动员的全身或主要部分。体育馆视线设计是为使观众席各区均有较好的视线。普通观众席固定和活动座椅座位基本视点为篮球场边线地面，眼位高度取值为 1.15 米；每排视线升高 C=60mm，视线质量等级宜为一、二级。主席台：基本视点为篮球场边线地面，眼位高度取值为 1.15 米；每排视线升高 C=120mm，视线质量等级为一级。

（五）交通流线

观众流线：观众一般通过大台阶上至疏散大平台，平台在比赛馆周边环通，观众可根据分区入口到达座席。观众席分为上下两层，每层看台由纵走道分成若干区，包括主席台。贵宾流线：贵宾可通过门厅进入贵宾休息室，在休息室设单独出入口直接进入主席台和比赛内场。贵宾用房与观众、运动员、记者分开，但有方便的联系。运动员流线：运动员可通过比赛馆一层入口经门厅、检录厅进入比赛场；也可通过练习馆门厅进入训练场进行训练，再进入比赛场。裁判流线：裁判员由一层门厅经裁判工作区入场。记者流线：记者由一层门厅进入新闻中心。内部工作人员流线：由一层门厅进入各相关工作用房。

以上人流组织既满足疏散要求，又分区明确，避免流线交叉。

（六）疏散设计

观众席纵走道之间的连续座位数目，室内每排不宜超过26个；室外每排不宜超过40个。当仅一侧有纵走道时，座位数目应减半。安全出口应均匀布置，独立的看台至少应有二个安全出口，体育馆每个安全出口的平均疏散人数不宜超过 400 ~ 700 人。观众席走道的布局应与观众席各分区容量相适应，与安全出口联系顺畅。疏散宽度根据体育馆观众的席座位数，按《体育建筑设计规范》表 4.3.8 相关内容进行计算。

综上所述，以全民健身为目标的体育建设是为实现更健康的生活而服务。全方位的体育服务概念是在更高层次实现体育和休闲化健身的双重目的。建设优秀的高校体育场馆不仅需满足日常教学和体育训练使用要求，而且还需能满足承接高规格的体育赛事。

第五节　高校体育场馆租赁

租赁模式是高校体育场馆对外开放的重要模式。采用文献资料法、访谈法和数理统计法对高校体育场馆对外开放过程中的租赁模式进行了分析，认为租赁合约持续性不强、场馆维护成本支付矛盾突出、体育场馆承租方收益不高和安全隐患增大是当前高校场馆租赁的主要困境。为突破其困境，提出了提升市场承租能力、完善场馆开放法规体系、引入第三方机构规避风险及完善安全保障和保险制度等优化策略与路径。

在我国全面深入推进全民健身战略的过程中，人民群众日益增长的体育锻炼需求同体育场馆数量供给不足的现状已成为制约全民健身战略全面推进的主要矛盾。据国家第六次全国体育场地普查数据公报统计，在全国体育场馆中，教育系统体育场馆面积占比达53.01%，由此可见学校体育场馆对外开放是解决当前全民健身公共服务供需矛盾的重要方式。作为学校体育场馆的重要组成部分，高校体育场馆在寒暑假及课后时间段基本处于空置状态。盘活高校体育场馆存量，对于解决当前全民健身活动中场地设施供给不足的现实问题，同样具有十分重要的战略意义。

近年来，随着国家层面对学校体育场馆对外开放的政策支持和鼓励，越来越多的高校体育场馆逐步实行对外开放。在目前高校体育对外开放的管理模式中，集体承包（尤其是体育部门承包）和租赁管理模式是赢利情况较好的几种模式。高校体育场馆租赁管理模式是指高校将体育场馆有限期的交于承租方进行经营，承租方依据合同规定自主经营并向出租方交付一定租金的管理模式。本研究通过对部分采用租赁模式对外开放的高校进行调研，发现体育场馆租赁模式也存在不少问题，这对高校体育场馆持续有效对外开放造成了一定影响。为此，本研究通过对普通高校体育场馆租赁模式进行理论分析和实地调研，尝试对这一问题进行有益探讨。

一、高校体育场馆租赁模式的主要困境

（一）租赁合约持续性不强

在高校体育场馆实行租赁模式的过程中，体育场馆不再被续租或者承租方不断更换，这将直接给体育场馆租赁持续性带来一系列问题，而对于高校来说，体育场馆规模普遍较大，相应的配套设施较为齐全，体育馆的初期建设投资是比较大的，因此高校对外租赁的价格自然不会太低。而当前承租高校体育场馆的以个体户和小企业为主，其运营资金普遍不足，在高校体育场馆较高的租赁价格下，承租方往往难以承受或导致租赁合约持续性不强。如在江汉大学体育场馆发布的租用收费标准中，体育馆主馆场地（含看台）全天的租赁价格达到了 10000 元，这一价格相对普通的个体户和小企业来说是不低的，这将造成他们难以对高校体育场馆进行持续性租赁。

（二）场馆维护成本支付矛盾突出

现阶段大型体育场馆财务运营中，普遍存在场馆维护成本较高的问题。高校体育场馆对外开放的过程中，同样存在这样的问题，由于进馆锻炼人群的大幅度提升，因而体育场馆内的器材设施损耗增加，损耗较低的体育器材设施承租方可以进行及时有效地维护和保养，而损耗过大、需要更新换代的体育器材设施，承租方则无力承担。作为出租方的高校，一般不愿意为已租出的体育场馆支付过高的维护费用，这就造成了体育场馆维护成本支付矛盾难以解决的局面。

（三）体育场馆承租方收益不高

在高校体育场馆实行对外开放的过程中，每一所高校对外开放的管理模式都不尽相同，绝大部分高校是对社会大众实行免费和低收费的有偿服务。当前，在实行有偿服务的大部分高校体育场馆中，对本校教职工和学生收费价格偏低，但承租方以现有价格对社会开放，则根本无法补偿场馆器材设施损耗引致的成本和体育场馆人员的管理成本，承租方也谈不上有什么经济利润。若调高收费价格，不仅锻炼人群会急剧减少，同时也违背了高校体育

场馆对外开放服务的公益性，在这种情况下，高校场馆开放定价的不确定性，造成了高校体育场馆承租方收益困难。

（四）安全隐患增大

高校体育场馆本是对大学生进行体育教学的场所，在高校体育场馆对外开放进行公共服务的过程中，校园内人员的增加，给高校的管理工作带来了新的难度。如有报道指出，学校体育场馆对外开放的过程中，校方积极性不高，是因为逐渐增多的群众健身人员增大了学校安全方面的隐患。实现体育场馆租赁模式管理的可持续性发展，解决体育场馆的安全保障问题就成了无法回避的一个重要问题。

二、高校体育场馆租赁模式困境产生的原因

（一）国家政策法规体系不健全

当前，国家正积极推进学校体育场馆对外开放，《教育部国家体育总局关于推进学校体育场馆向社会开放的实施意见》（教体艺〔2017〕1号）从总体要求、开放范围、开放办法、保障措施、组织实施这几个大的方面对学校体育场馆对外开放问题进行了规范和要求，这一政策有效地缓解了我国人民群众日益增长的体育健身需求与体育场馆资源供给不足之间的矛盾。但从教育部和国家体育总局发布的具体实施意见来看，当前国家政策法规体系仍停留在宏观制度设计层面，其实施意见中关于学校体育场馆开放的诸多细节问题仍然是不明确的。如对体育场馆开放的定价问题，并没有做出明确规定或制定与之相对应的政策法规，这就给高校体育场馆对外开放过程中操作困境埋下了伏笔。

（二）承租方承租能力有待提高

承租方承租能力不高，会直接导致高校体育场馆租赁持续性不强和维护成本较高的困境，高校体育场馆的相对较高的租赁价格、场馆器材设施的维护和更新换代，以及场馆管理资金问题等都在考验承租方的承租能力。作为参与公共体育服务供给的主要社会力量，高校体育场馆承租方力量相对较弱，是当前公共体育服务多元供给中的一个短板。作为高校体育场馆承租方的个体户和小企业，无论是场馆运营能力和资金周转实力，还是对接高校和政府管理部门的经验和实力，都无法做到游刃有余地应对当前的体育场馆承租活动。承租方能力不足，是造成高校体育场馆租赁困境的重要原因。

（三）简单合约方式影响安全保障

高校体育场馆在对外开放过程中，无论实行哪一种体育场馆的管理模式，其体育场馆内的安全问题都是不可忽视的。高校体育场馆实行租赁模式管理，若体育场馆内发生校内外人员矛盾、体育活动伤害事故、人身伤害事故等危险和不可控的情况，都难以进行及时有效地处理。然而，由于高校与承租方之间一般仅通过简单的合同方式履行租约，政府也并没有出台具有指导性意见的明确可行保险制度，如何为开放人群购买责任保险，在高校

和承租方之间常常未能达成共识，双方搭便车的趋利心态，使通过保险规避安全风险的制度保障难以形成，这使得安全保障问题一直困扰着高校体育场馆租赁。

三、高校体育场馆租赁模式优化路径与策略

（一）开源节流，双向提升市场承租能力

优化高校体育场馆对外开放租赁模式的效果，提升承租方的承租能力是前提。对承租方来说，一方面要帮助其增加收益，另一方面要降低成本，开源节流才能真正帮助其解决问题。承租方可以通过整合高校体育场馆现有的资源，改变单一的门票和入馆收费，拓展业务，发展青少年体育运动培训，举办一定的赛事活动，在保证高校体育场馆服务公益性的同时，提升高校体育场馆的营利可能性。同时，对于高校在收取租金时，考虑到承租方的资金实力等方面的原因，可分时间段进行收取，改变5年以上一次性收取高额租金的方式，提高体育场馆承租方承租能力，使承租方能更好地进行体育场馆运营管理和维护。

（二）细化政策，完善场馆开放法规体系

国家层面应尽快细化学校体育场馆对外开放的政策法规，为高校体育场馆租赁提供操作性指导。相关业务管理部门和物价局等单位，应综合各地区的情况，对高校体育场馆出台明确具体的政策法规，在合理定价、合同规范等方面给予更多政策支持。如对于定价的方法，可采用目标利润定价和区分需求定价两种方法。目标利润定价是根据体育场馆的整体成本进行定价，在保证体育场馆各项收支平衡的情况下进行合理定价，或采用区分需求定价法，分四种差别定价进行定价，第一种是高校系统内外差别定价，校内人员与校外人员进行差别定价。第二种是支付手段的差别定价，支付手段主要分为年卡消费、月卡消费、次卡消费。第三种是不同规格场地差别定价，不同规格和不同环境下的体育场地的运营成本是不一样的，如塑胶场地和室外足球场维护的成本不尽相同，可差别定价。第四种是运动时间差别定价，根据运动时间的差别，依据每个时段多少来差别定价。在合同规范、承接方式等领域，也可以参照定价的方法，出台明确具体的政策法规，促进高校体育场馆租赁模式管理科学化、高效化和系统化。

（三）合作治理，引入第三方规避风险

高校体育场馆租赁模式管理，还需要借助第三方力量合作治理，这是推进高校体育场馆统筹管理和化解高校与承租方矛盾分歧的有效路径。具体来说，也可通过引入第三方消费评估机制、第三方管理监督机制和第三方专业管理团队等方式来提高运营效率，规避合作风险。如引入消费评估机制，可通过第三方开创微信公共号，在公众号上对消费人群进行调查问卷，并对发现的问题进行及时总结和改进；同时在高校体育场馆微信公众号上，设置人工智能服务和投诉信箱，随时为广大消费人群答疑解惑，并根据消费者建议进行相应改进，不断提高高校体育场馆运营管理水平。在监督机制和专业团队管理等方面，同样

可以通过第三方模式，解决当前体育场馆租赁过程中的风险，使高校体育场馆的管理和运营更加规范和高效。

（四）强化救济，完善安全保障和保险制度

建立安全保障和保险制度，是高校体育场馆租赁模式健康可持续发展的前提。保险制度是解决这一问题的有效救济手段，完善安全保障和保险制度，应通过高校与承租方协商，明确双方购买保险的责任，来实现转移风险的目标。具体操作过程中，还应从以下几个方面入手：第一，建立实名制登记制度，加强对来校锻炼人员的管理，并协商为入馆人员购买专项责任保险，未购买专项责任保险者禁止入馆健身锻炼。第二，在高校微信公告上，发布安全健身的相关文章和注意事项，帮助健身人群在保障自身安全的前提下，进行体育健身锻炼活动。第三，高校体育场馆制定相关的管理规定和办法，并配置齐全基础的安全设施，如警报器、灭火器、消防灯等，以降低安全事故风险。

高校体育场馆对外开放实行有偿服务，有利于促进体育消费、促进经济发展。体育场馆实行租赁模式管理，一方面是促进高校体育场馆做到与社会资源互补，共同发展；另一方面则是为了推进高校体育场馆租赁模式管理快速发展。为使高校体育场馆的管理更为系统和专业化，更好地为广大青少年和人民群众服务，在普通高校体育场馆管理模式中，可以适当借鉴国内外的成功经验，根据高校本身体育场馆的具体情况，在制度设计、合作方式、协同流程等方面进行相应的改进，让高校体育场馆租赁模式管理更为科学和高效。

第六节　高校体育场馆的合理化利用

按照国际惯例，通常把老龄人口（65岁以上）占7%作为一个国家人口老龄化的标准。据有关部门统计，到2015年我国的老龄人口将超过2亿，约占总人口的14%，预计到2050年，我国的老年人数将增至4亿多，约占总人口的1/4左右。老龄人是一个特殊的群体，他们离开工作单位回到社会和家庭以后，往往会产生孤独感和失落感，同时也增加心理上的不安。他们需要"老有所养""老有所乐""老有所为"。老龄体育的活动方式大多为自由组合的团体，老龄体育以周边区域为范围，他们行动不便，较少参加远域的体育活动，一般采用就近锻炼的方式。锻炼的内容、形式和手段也是多种多样的，它包括了跑步、走步、做操、舞蹈、保龄球、门球等。

在小康社会中，随着社会和经济的飞速发展，人民群众生活水平的日益提高，体育锻炼已经逐步成为人们日常生活中重要的一部分，人们对于体育资源的要求日益强烈。人们不仅通过关注体育活动满足自己精神层面的需求，而且有充裕的闲暇时间投身到大众体育活动中去，以达到强身健体、协调人际关系、实现自我价值的目的。然而我国的社会体育尚处于初步发展阶段，发展也不平衡，社会体育资源相对匮乏，尤其是体育场馆的匮乏，

导致我国社会体育的发展举步维艰。相反，高校遍布全国各地，拥有雄厚的体育师资、较完备的体育设施和器材等物质资源，这种丰富的资源若能在目前阶段下辅助社会体育的发展，为社会体育提供人力、物质资源，必定会为社会体育的繁荣增光溢彩。

一、高校体育场馆是社会体育的一重要组成部分

（一）社会体育场馆缺乏

党的十七大要求"大众体育普及程度明显提高，全社会体育意识普遍增强；经常参加体育活动的人数在现有基础上增加到占总人口的 40% 左右（其中城市达到 45% 左右）"。要完成这一要求就必须有方便城市社会和乡镇居民的体育设施。然而第五次全国体育场地普查结果显示：全国共有体育活动场地 850080 个，平均 1530 人拥有一个体育场地，而其中 60% 体育设施属于学校等单位体育资源，很难被社会广泛利用。现有体育场地被侵占挪用现象也相当严重，新中国成立以来，全国被占体育场地面积高达 16000 多万平方米（相当于 380 万个篮球场，1.9 万个标准田径场）。当然，随着国家经济的发展和人民生活水平的提高，国家、社会甚至个人都积极地参与到了体育场馆的建设中去，使得社会体育有了较大的发展。然而现有的体育设施还存在以下问题：一是国家对体育设施的投入总体上不足，欠账较多，满足不了社会居民的体育需求；二是体制不顺，有些高校体育设施结构性闲置，有不少高校的体育场馆不对外开放，使居民无法到高校体育场馆进行体育锻炼；三是布局不够合理，部分小区体育设施档次低、设备单一简陋不能满足社会居民的需求。

（二）全民健身对体育场馆提出了更高的要求

随着人们物质生活水平和文化素质的提高，健康的生活方式越来越受到人们的欢迎。健康的工作、学习、生活是老百姓新的追求。而体育运动是"健康生活方式"中的重要内容。学校的文化氛围、教师的正确指导、学生锻炼的热情、良好的锻炼场所、优美的环境等，无不吸引广大群众进入学校参加锻炼。尤其是中国社会和经济的发展，人民的生活水平和健康水平不断提高，全民健身运动卓有成效地开展，使得体育健身的观念已逐渐被人们接受，使得体育人口迅速增加，社会居民体育健身需求日益增长与体育场馆数量有限的矛盾显得尤为突出。

二、高校体育场馆与社会共享是高校的责任和义务，也是高校发展的需要

（一）高校体育设施向社会开放是高校责任

1995 年国务院颁发的《全民健身计划纲要》指出，各种国有体育设施都要向社会开放，加强管理，提高利用率。根据这一精神，高校应在不影响教学、训练和群体工作的情况下，

向社会开放体育场馆，为全民健身服务。1999 年国家教育部办公厅下发了关于假期公休日学校体育场馆向社会开放的通知，更加具体和明确地对此提出了要求。《中华人民共和国体育法》和《全民健身计划纲要》以及《中共中央国务院关于进一步加强和改进新时期体育工作的意见》中都有明确的相关规定："各种国有体育场馆设施都要向社会开放，加强管理，提高使用效率"。高校体育设施属于国有资产，向社会开放，为社会大众服务是高校的一种责任。2002 年 7 月，中共中央国务院《关于进一步加强和改进新时期体育工作意见》中也明确提出："学校、机关、企事业单位的体育设施也要努力实现社会共享"。

（二）高校体育场馆社会共享也是高校发展的需要

早期的大学是一个相对独立和封闭的社会，有自己独立的管理体制和机制。我国大学的建设也继承了并具备这个特点，形成所谓的"单位制"。每一个学校在其管辖范围内是一个独立的社会，有自己的建筑设施和社会设施，有自己的管理机构和管理网络。自我封闭的"围城意识""大院文化"独成一格，与周围社会关系冷淡，仅限于名义上的管辖和被管辖。由于大学级别较高，社会对其无法实现有效管理，因而也无法纳入社会资源整体配置体系中，结果是隔开了学校和社会的联系，也加大了学校的运行成本。随着 20 世纪五六十年代世界范围内高等教育改革的深入，现代大学对社会发展的作用日益突出。高校已经不仅仅是一个教学和科研机构，在发挥培养人才、科学研究作用的同时，成为社会的文化中心、服务中心，成为城市社会的一部分。高校为社会服务是全方位的，从大的方面讲，为国家和地区社会经济发展服务，为国家人才培养服务。在中间层面，是为企业和部门提供高新技术和咨询服务，提供具有较高素质的技术人员，体现在具体的科研项目上。在低端层面上，则是大学和城市社会的关系。我国近几年高等教育高速发展，已经进入大众化阶段，高校的规模不断扩大，校区布局分散，逐步实行服务社会化，社会和大学的关系逐渐引起人们的注意。一方面高校要对周围社会的环境改造和人文建设做出贡献，提高社会的文化品位；另一方面，周边的社会有着大量为高校服务的行业，为师生提供多种多样的服务。社会人文形态和生活品质的日益改善，还为高校提供了一个良好的存在环境，有利于高校更好完成自己的使命，有利于高校实行社会化。

三、高校体育场馆与社会共享的对策与建议

（一）高校体育场馆与社会共享要转变观念

高校体育场馆资源向社会开放，实现资源共享是一件实践性很强并具有开拓性的工作，需要解放思想，敢于突破传统的、封闭的教育管理观念，应大力宣传体育资源共享的意义和必要性。部分高校领导还没有摆脱学校教育只限于学校范围内的传统教育管理观念，没有确立学校体育应与社会相联系的新理念。因此需要加强宣传，统一认识，明确开放意义。学校体育资源向社会开放，是全面贯彻《中华人民共和国体育法》《全民健身计划纲要》，加强学校与社会的联系，提高体育资源的共享率，推动群众性体育活动广泛开展的重要举

措，需要从政治的角度来加以认识。

（二）高校体育场馆与社会共享要规范合理

教育行政部门应建立学校体育物质资源与社会体育共享的规范和制度，要把实现学校体育资源与社会共享工作作为深化体育改革的重要课题，列入体育工作的规划之中。建立学校代表和街道社会代表共同参加的体育资源共享协调机制，加强与社会居委会合作，完善操作方法，规范管理措施。学校体育资源向社会开放之初缺乏必要的管理经验，为保证开放工作有效、有序地进行，需要同体育主管部门、社会居委会合作，完善现有的操作办法，规范管理，使高校体育资源与社会体育共享工作规范化，保证共享网络的正常运行。

（三）高校体育场馆向社会开放要注意时间、形式和内容

高校和社会的组织形式不同，目标和利益体系也不相同，因此彼此间存在一些隔阂是正常的。高校毕竟是大学，有自身的教学和科研任务，师生要求的生活居住环境和品位也与一般社会居民不同。对社会来说，靠近高校不仅是大量的商机，促进其繁荣，更重要的是高校的体育设施开放提升了社会的人文环境，因此双方利益有融合的地方，在遇到矛盾时双方要克己惊人，从社会发展的大局着想。特别是在注意体育设施开放时间、形式和内容的安排上要统筹安排，不能影响学生和教职工的学习、教学和文化娱乐。

（四）高校体育场馆向社会开放需要一定的资金来保障

体育行政主管部门应加强扶持，可以从发行各种类型的体育彩票收益中适当拨发专项费用，加强高校体育场馆设施的建设与维护。高校也可以采取适当的收费开放，用于体育场地开放的管理、值班及维护；也可与社会共同承担必需费用，缓解全民健身路径的安全和压力，减轻高校体育经费的投入压力，为各个社会全民健身的广泛开展拓宽途径。

第二章　高校体育场馆的创新研究

第一节　高校体育场馆联盟

高校体育场馆联盟是提高高校体育场馆综合利用的一种新的尝试。高校体育场馆联盟的构建过程包括：高校体育场馆自测，高校体育场馆联盟伙伴选择，高校体育场馆联盟价值链活动选择，高校体育场馆战略联盟合作机制的构建，高校体育场馆联盟的风险分析和风险防范机制的构建。

目前，我国现有公共体育场地设施的严重不足影响了群众体育的发展，而高校体育场馆又存在着不同程度的闲置或浪费现象。国务院在《国务院关于加快发展体育产业促进体育消费的若干意见》中指出"创新体育场馆运营机制，积极推进场馆管理体制改革和运营机制创新，引入和运用现代企业制度，激发场馆活力。鼓励场馆运营管理实体通过品牌输出、管理输出、资本输出等形式实现规模化、专业化运营"。从国际高等教育的发展看，大学联盟是国际高等教育合作的一种重要特征和发展趋势。大学联盟既可以优化配置大学资源，避免大学之间对有限资源的过度竞争，又能够创造一种开放和相互激励的氛围，融合各大学的核心能力，形成聚合效应，从而提高联盟所有大学的整体实力，从而提高联盟所有大学的整体实力。高校体育场馆联盟是以高校体育场馆为依托，旨在促进各校体育场馆的资源和信息共享，提高高校体育场馆的综合利用率，促进各校师生、居民及社会团体参与到体育运动中，提升各校场馆的经营管理水平，降低场馆运营成本、增进高校体育场馆工作人员学习和服务的积极性，拓宽高校体育场馆的服务范围，进而实现高校体育场馆的社会效益和经济效益最大化，响应政府对全民健身开展的指导要求。

以高校体育场馆为依托，以高校体育场馆联盟的方式，对其资源进行重组融合，对实现体育场馆进一步对外开放和资源共享是大有裨益的。因此，笔者初步探讨了高校体育场馆联盟的构建过程，提出了高校体育场馆联盟的风险防范机制，为提高高校体育场馆的资源利用率提供参考。

一、高校体育场馆联盟的概念

高校体育场馆联盟是指两个或两个以上各高校体育场馆建设规划设计、运营管理使用、体育场馆研究机构等相关部门和机构，基于一定的目的，为了充分挖掘体育场馆资源价值，降低运营成本，弥补自身缺陷，通过某种协议方式，在不影响自身场馆独立运营的情况下，自发结成联盟伙伴关系的组织。

二、高校体育场馆战略联盟的构建过程

（一）高校体育场馆自测

在构建高校体育场馆联盟前，首先要对高校体育场馆自身的资源和能力作一个全面的评估，了解高校体育场馆的核心竞争优势和劣势所在，因此，高校体育场馆需对自身进行SWOT分析，评估自身的资源优势和短板。在准确审视高校体育场馆的资源和能力后，界定高校体育场馆的经营范围，判断是否通过联盟获取所需的资源和技术。总之，高校体育场馆必须不断地深化、挖掘自身内部资源优势，从市场或联盟获取互补的资源和能力，提高体育场馆的核心竞争力。

（二）高校体育场馆联盟伙伴选择

高校体育场馆战略联盟伙伴的选择要按照"3C原则"，即战略目标相容、资源相容、文化相容原则。具体地说，首先要看各高校体育场馆战略目标是否具有相容性，其次看高校体育场馆是否具有资源和能力，最后看高校体育场馆能承诺、投入什么，文化上是否具有相容性。联盟高校体育场馆间的兼容性是联盟各方合作的前提。对高校体育场馆来说，选择联盟伙伴时，要对潜在的联盟高校体育场馆的市场表现、资源进行充分的分析评价，并评估联盟双方在文化、价值观和经营理念等方面是否协同，进而选择能够提供互补型资源、充分发挥双方优势的联盟伙伴。既要考虑高校体育场馆与高校体育场馆之间的联盟，也要考虑高校体育场馆与体育器材和场馆设施维护企业之间的联盟，还要考虑整个高校体育场馆与体育场馆管理、市场开发等相关企业之间的联盟。

（三）高校体育场馆联盟的价值链活动联盟选择

总体而言，我国高校体育场馆所采用的战略联盟方式单一、联盟层次较低。我们应该更深入地学习、研究如何更有效地应用战略联盟来整合和构建高校体育场馆自身的价值链，以全面提高我国高校体育场馆的水平。在构建战略联盟价值链活动的选择中，高校体育场馆可以从两个方面进行分析，即横向战略联盟和纵向战略联盟。

1. 横向高校体育场馆战略联盟

建构普通高校体育场馆联盟体系，通过联盟形式，形成一定的场馆规模，一方面可以有效地组织和调动高校体育场馆资源，有利于形成集约化的管理；另一方面还可以降低人力成本、管理成本、运营成本，从而达到高校体育场馆对社会开放所应有的社会效益和经济效益。由于目前我国高校体育场馆联盟尚处于探索实验阶段，因此有必要、分步骤、分阶段实施。首先，要强化高校体育场馆联盟的理念和潜在的价值效应；其次，建构不同层

面的高校体育场馆联盟，如大学城联盟、专项性联盟、地区性联盟等，以期逐步实现高校体育场馆联盟。

2. 纵向高校体育场馆战略联盟

①发展高校体育场馆产学研联盟。高校拥有大量的知识人才，积极组织联盟成员广泛开展科研合作、联合承接科研项目、学术交流活动等。同时加强与企业的合作，完成学术成果的转化。

②构建与体育器材生产、维护厂商的联盟。通过与体育器材成产、维护厂商签订契约合同，减少了合作厂商的更换频率，加强了联盟之间的信任，能减少谈判所需的交易成本。同时高校体育场馆拥有了专业的场馆、器材维护人员，可以提高体育设施的使用寿命，减少器材的损坏。

③构建与体育场馆管理公司的联盟馆联盟。在建立高校体育场馆联盟的基础上，与具有法人资质的专业体育场馆管理公司进行联盟。由专业公司借入管理，借助其专业优势，如技能培训、资源配置、市场定位、商业运作等，改变高校体育场馆现有的运营模式，不断提升其社会服务水平。同时由专业公司统一管理，可有效地对体育场馆资源进行整合和优化；也可以避免因管理主体不明而造成相互不配合、互相推诿、责任难以认定等问题的发生。因此在确认由专业化公司统一管理后，作为联盟旗下的各高校，应给予其充分的信任，放手让他们全权管理和运作。由专业化公司统一管理，不仅可以使高校从场馆管理事务中摆脱出来专注教学和训练，而且还能提高其场馆管理水平和社会服务水平。

（四）高校体育场馆战略联盟合作机制的建立

合作机制的建立是组建战略联盟过程中的重要环节，直接关系着未来联盟各方合作的深度和广度，是战略联盟正常运行的保证。联盟合作机制是指联盟企业之间基于共同的战略目标，建立合作关系，对未来联盟的各项合作事宜加以界定，以保证各方互惠互利、协同共赢。高校体育场馆联盟合作机制的构建要考虑以下几个点：

协同好各联盟高校体育场馆的观念，使联盟各方在联盟领域战略上达成一致。通过充分的讨论和磋商，全面评估未来联盟共同的战略利益预期，强化各方加入战略联盟的动因，使得各联盟企业主体能够充分认识到战略联盟的实施将是对每个盟员成员都有利的战略举措，以调动联盟主体共同参与战略联盟建设的积极性。

加强联盟高校体育场馆之间的相互交流、沟通和讨论，建立信任关系。联盟各方应该对各盟员之间的信息沟通方式、沟通时间和频率等加以约定，并明确联盟合作的内容和程度，并约定未来联盟的决策程序。

高校体育场馆应该适当吸纳企业的相关人员成立一个专门的战略联盟管理团队，协调控制战略联盟的运行，同时及时发现、讨论、分析和解决合作过程中出现的问题。

确立各联盟高校体育场馆在合作机制中的作用，即明确联盟高校体育场馆加入联盟所需要投入的资源，界定各方在联盟内部的分工，明确联盟各方在未来联盟内部相应的董事话语权，并制定相应的控制和问责机制。

在联盟高校体育场馆间加强以诚信为本、协同共赢的联盟文化建设。高校文化是联盟高校体育场馆普遍认可的精神理念和行为规范，通过强化联盟高校体育场馆的合作意识，将协同共赢、诚信合作的正能量高校体育场馆文化渗透到未来联盟运行的每一个环节，从根本上预防未来联盟合作过程中可能发生的冲突。当联盟内部所倡导的诚信合作原则为每个联盟高校体育场馆所普遍接受时，无疑会大大推动未来联盟的发展。

建立规范的管理信息系统。通过管理信息系统的信息规范化、数据处理程序规范化、责任明确化、数据共享、身份验证和访问控制等功能模块，解决高校体育场馆联盟中信息不对称、沟通不顺畅等问题，促进高校体育场馆联盟管理的规划化、高效性和灵活性，为高校体育场馆联盟的管理决策提供支持，从而保证战略联盟的顺利运行。

建立联盟高校体育场馆利润分配机制。高校体育场馆战略联盟利润分配机制的建立可以从以下几点考虑：①根据合作过程中联盟高校体育场馆投入资源的种类、重要性进行利润分配。根据联盟各方投入的不同资源的特性和资源对联盟的重要性，对各联盟高校体育场馆投入资源的价值进行评估，根据高校体育场馆投入资源的价值在联盟资源价值中的占比进行相应的利润分配。②根据在合作过程中各联盟高校体育场馆付出努力的重要性及其对联盟产生的贡献的大小进行利润分配。联盟高校体育场馆付出的努力越重要，合作契约中给予其利润的份额就越大；其对联盟产生的贡献越大，合作契约中给予其利润的份额就越大。③根据联盟高校体育场馆在合作过程中承担的风险大小进行相应的利润分配。联盟高校体育场馆承担的风险越大，则其获得的利润份额就越高；反之，其承担的风险越小，其获得的利润份额也越低。

（五）高校体育场馆联盟的风险分析及防范机制的建立

1. 高校体育场馆联盟的风险分析

高校体育场馆联盟的风险是由联盟组织内外部环境不确定性及复杂性所决定的。在实际运作中可分为：组建阶段风险，运营阶段风险，解体阶段风险，其中最为重要的是运营阶段风险。

①高校体育场馆联盟组建阶段风险分析。高校体育场馆联盟组建阶段风险主要包括：政策风险（政府、学校）、市场风险、社会舆论风险等，主要来自于联盟外部环境。因此在组建合作联盟的同时，一定要关注政策、市场及社会大众的舆论稳定性如何，权衡各项因素才是关键所在。除了这些还要考虑甄选什么样的合作伙伴，是否有着共同的合作目标，将采取何种方式及模式进行。

②高校体育场馆联盟运营阶段风险分析。根据体育场馆的属性及功能，运营阶段风险将被划分为能力风险、信用风险、协作风险、投资风险等，主要来源于联盟组织内部。在高校场馆联盟运营期间，消费者的人身安全无疑将是最大的潜在风险，联盟组织内部管理协调处理的能力大小将直接关乎此类事件的影响力度。信用及协助风险主要表现在，联盟

的高校体育场馆要彼此将信息、技术及时分享，避免发生分歧而造成对立的局面。投资风险在于各联盟的高校体育场馆间的投资与回报或成反比、利润分配不均等现象。因此，在联盟运营阶段各高校体育场馆要彼此监督，相互交流与沟通，长期保持一致的发展目标，达成联盟体的稳定性。

③高校体育场馆联盟解体阶段风险。高校体育场馆联盟在解体时要注意各联盟成员投入资源的独立性，知识产权的维护和联盟未分配利润的分配。做到公平有序、合理合法。

④高校体育场馆联盟防范机制的建立。在风险防范方面，高校体育场馆在组建战略联盟时，应充分综合考虑契约控制、股权控制和管理控制的联合使用。高校体育场馆可以利用风险核对表等控制工具，通过外部专业风险评估机构的调查和高校体育场馆的自我监控对各类风险指标进行全程跟踪和分析，准确预测出联盟内部可能发生的风险类别及可能带来的后果，从而可以有的放矢，防患于未然，避免不必要的损失。高校体育场馆可以从以下几个方面考虑来建立风险防范系统：

①对各类风险进行有效地识别，将识别的风险进行整理、归纳，综合分析各类风险的诱因及其可能带来的后果；②分类评估风险。首先应根据高校体育场馆联盟的具体情况，确定不同种类的风险可能对高校体育场馆联盟产生的影响程度，然后对不同种类的风险设立相应的评价指标和评价方法。③持续全面地收集风险信息；④结合高校体育场馆联盟的实际情况，根据确定的风险评估方法，对收集到的风险信息进行评估，并深入分析风险产生的原因、可能的变化趋势，预测其可能带来的后果；⑤根据做出的风险评估结果及分析结果，找出可能的风险诱导源，提出适当的风险防范措施，并反馈给联盟高校体育场馆，并适时追踪，督促其执行，给出反馈报告。

综上所述，目前我国高校体育场馆仍以学校直接管理为主，社会服务有限、市场开拓不利、社会效益不佳。建立高校体育场馆联盟是提高体育场馆资源利用和对外开放的一种大胆尝试，但还处于孕育和发展阶段，还需很长一段时间来完善。

第二节　高校体育场馆经济

高校体育场馆开展有偿经营，提供经济有偿服务既是市场所需，又是自身可持续发展之需。在目前的经营过程中，各高校体育场馆面临着一系列问题与困难。基于对高校体育场馆经济有偿服务效益与不利因素的把握，进行具体服务策略的探寻，以期向经营管理者提供一种新的管理思维。

社会主义市场经济的建立日益深化了高等教育的改革，高校体育馆逐渐由以往单一与封闭的管理状态转变为面向社会成员开放并向其提供有偿服务的发展模式。高等院校怎样把握机遇，对体育工作进行进一步的改革，使高校体育走上内涵发展之路，最终实现办学效益的提高，已逐渐成为高校体育改革进程中的一项新课题。对这一课题开展研究工作，有利于将高校的优势发挥出来，对于潜力的挖掘、活力的启动、经济的创收、学校的发展、经费的增加有着重要的现实意义，并能够在一定程度上缓解社会体育场馆的不足，对社会成员的需求予以满足，加速全面健身计划的实施。

一、高校体育场馆经济有偿服务的效益

高校体育场馆经济有偿服务是指为了对社会体育场馆及服务短缺的矛盾予以解决，实现对社会成员体育健身需求的满足，而采取的以对学校正常体育工作的满足为基础，结合并利用自身价值，负担部分体育经费，提供收费服务，对校内体育场馆进行开放的对策。通过提供有偿服务，高校体育场馆能够创造出一定的经济与社会效益。

弥补高校体育费用的不足。目前，除了一些体育院校之外，我国大部分高等院校均或多或少地存在着体育场地设施缺口、设施设备落后、资金不足等现象。在提供高校体育场馆经济有偿服务之时，不少高校的体育场馆所面临的经费不足问题亦十分显著。在这一背景下，若与体育场馆的现有条件相结合，进行一些新项目的开发，提供丰富且优质的有偿服务，可以在一定水平上增加收入，以此进行体育场馆设施地维修，或者添置一些新设备，吸引更多的社会体育爱好者进入校内体育场馆消费，进而形成一种良性循环，对经费不足的问题予以解决。

提高场馆利用率。我国很多高校的体育场馆都存在大量闲置的现象，降低了场馆设施的人均占有量，并且在使用的过程中，还会面临折旧与老化等问题。实际上，高校体育场馆大多都是由国家投入大量资金进行建设的，若不能够对其进行充分与合理的利用，老化问题将会越来越严重，直至报废，这不得不说是国家现有资源的一种浪费。若是面向社会成员提供经济有偿服务，能够在很大水平上提高场馆的使用率，保证人均占有量，进而实现对资源的节约，预防经济效益的流失。

满足大众健身需求。体育事业是一种公益性的事业，作为国有资产，高校体育场馆有责任面向社会成员开放。经济社会的迅猛发展提高了人们的生活水平与物质文化水平，人们对体育健身的需求也发展为一种常态。为了对大众需求予以满足，高校体育场馆有责任对先进的、现代的、新兴的体育娱乐项目进行开发与合理引进，以提供更具娱乐性、健康性与高雅性的体育健身场所于社会成员。基于经济的全面发展，制定、补充与完善长期规划，最终将高校体育场馆发展为对全面健身计划予以落实的基石。

二、高校体育场馆经济有偿服务的不利因素

相关学者研究表明，我国目前完全采取有偿服务和完全不采取有偿服务的高校数量都不多，大部分高等院校都是面向社会成员提供部分有偿服务。现阶段，存在着一些对高校体育场馆经济有偿服务产生不利影响的因素，需引起校方与研究人员的重视。

地理位置导致效益好的场馆少。进入21世纪以来，我国很多高校开始了生源扩招，

并纷纷进行了新校区的建设。虽然新校区的体育场馆有着丰富的资源与先进的设施设备，场地环境好，但这些小区大多位于城市郊区位置，周围居民与企事业单位数量都不多，因而不容易形成良好的社会与经济效益。而原先的老校区，大多都位于市区位置，周围居民与企事业单位数量比较多，社会与经济效益的获得较之新校区而言容易得多。但是，老校区的体育场馆多是以原先扩招之前的学校规模作为参考的，因而场馆的数量并不多。虽然有着较好的效益，但是较少的服务显然无法满足社会成员的需求。

管理水平低。服务落后。提供经济有偿服务的高校体育场馆大都对其营业时间与收费方式予以表明，但是却模糊化了服务消费者与学校的责任与义务。目前，我国各高校对社会开展经济有偿服务的管理水平与效率并不高，各行其是、一校一策的现象较为突出，管理制度少、可行性低，甚至于部分体育场馆的收费标准与工商税收等的管理方法都没有实现真正的统一与规范。

思想保守，需要转变认识。高等院校如今已被划归为公益二类事业单位，部分资源可由市场进行配置。面向社会成员开放，共享资源原本就是一项开拓性与挑战性的工作，在我国，部分高校仍以传统与封闭的教育管理理念为指导，在对市场经济发展需要的适应上积极性并不高，向社会提供的公共服务也比较少，因而很难将体育场地资源的价值充分体现出来，社会效益不足。为了向社会提供更多、更优质的服务，为全面健身的实现贡献力量，高校体育场馆的管理者急需解放思想，突破传统观念，实现同社会的资源共享。

三、高校体育场馆经济有偿服务的策略

实现开放时间与收费标准的合理化。高校体育场馆由国家兴建，公益性极强，因此对外开放应以不影响学校正常使用为基础，对开放时间进行切实可行的制定。另外，还要以校内体育场馆的性质为参考，在保障体育场馆原有功能的前提下，选择性地增加一些开放式服务项目，并保证国家法定假期与双休日同样有人员值班与指导。在面向社会成员有偿开放之时，要对晚上的时间予以合理的延长，通过优质服务的提供与积极文化氛围的营造吸引社会体育爱好者。

提高管理能力。虽然我国大部分高校都程度不一地开展了经济有偿服务，但管理水平与效率大都不高，运行模式有待变革。提供经济有偿服务的高校体育场馆应从组织机构上提供保证，对专门的管理与开发人员进行配备。在具体的管理过程中，各管理者应对自身的职责予以明确，通过在馆内显著位置标贴，透明化、规范化各项管理制度。管理制度的制定需要对不同运动项目与参与人群特征进行充分的考虑，例如，球类馆年轻人居多，门球场老年人为主力；练习健美操的以女性为多，健身房则以男性为主；隔网运动项目的安全系数比较高，游泳锻炼则需安排救生员等。

提高服务质量。各高校应以学校体育场馆的实际情况为依据，对校内体育专业优秀学生发出聘请函，赋予其体育指导员的职责，并进行多种练习讲座的开设。同时，还可以面

向社会成员设置多种项目的培训班，例如健身、游泳或羽毛球培训班等。寒暑假时间，还可以组织少儿夏令营、篮球比赛等活动。通过丰富多彩的夏令营与高水平比赛的积极举办与承办，吸引大量社会团体、个人与各级企事业单位走入校园，在丰富校园精神文化建设的同时奠定高校体育场馆在城市体育活动中的中心地位，使高校体育场馆及体育资源得到充分的利用，提高社会与经济效益。

加强宣传普及、引导消费。高校体育场馆应充分地认识到，仅仅以目标对象的口口相传以及对室内场馆资源的宣传为支撑，对于适于开展经济有偿服务的稀缺性场馆而言是远远不够的。高校体育场馆各馆室应把握社会成员体育需求的热点内容，提供针对性的服务，例如，健美操馆可以开设减肥塑身班，跆拳道馆可以聘请校外专家，承办高水平社会比赛与等级考试等。此外，高校还可以进行体育场馆网站的制作，利用互联网的传播优势让更多的社会成员了解场馆设施、资源及所提供的服务，结合自身所需走进体育场馆，进而实现对消费的引导。

第三节　政府购买高校体育场馆公共服务

伴随着改革进程的不断加快，国家在高等教育方面的经费及人力投入开始不断地增加，这在一定程度上促使我国高校体育事业得到了突飞猛进地发展。在此过程中，以往单一化的高校体育馆管理模式早已无法达到现代化社会发展的基本需求。为此，创建系统完善的管理团队，树立起良好的社会形象，遵循客观的经济发展规律，构建科学高效的高校体育场馆具有重要的意义。

现实层面上的高校体育场馆需要最大限度上利用现代化体育场馆的设备、场地等资源，在更好地达到学校师生竞赛、健身活动等现实需求的基础上，具备开发体育产业、发展体育活动的基本性能，通过各种行之有效地方法来实现最大化的社会经济效益，从而促使现代化体育场馆得到更好的发展，从而达到构建高效体育场馆设施建设的最终目的。对此，各高校体育场馆要运用现代化管理模式，促使其能够与现代化教育发展相吻合，以防止体育场馆设施建设向商业化的方向演变，进而促使学校及高校所在地区内的体育事业获得更好地发展。

一、高校体育场地和体育设施建设现有问题分析

在我国的广大城市当中，大多数的高校是比较集中的，但是在现代化城市土地用地非常紧张的现状下，致使高校发展用地存在很大的困扰，特别是随着高校占地面积的不断扩大，因高校所处地理位置促使其周边为被征用的土地。据我国土地管理局相关资料显示：随着我国各大院校招生量的不断增加，体育场量需求与招生量出现显著的矛盾。这一矛盾

产生的根本原因是高校在体育方面资金投入较低所造成的，特别是对体育场所建设资金的投入比较少，最近几年纵使我国在教育方面的投入力度不断增加，可是能够真正落到实处的资金大体上并未产生根本性的变化，体育场所建设资金大体上来自于体育场所营利、学校自有资金，对于体育场所建设过程中的长期性项目根本没有充分的资金作为基础保障。

二、高校体育场设施建设标准及要求

高校体育场馆设施建设工作的开展是为了促使学校体育教学能够得到有效性的具体实施，这是确保高校体育建设工作顺利开展的基础性因素，是促使"健康第一"指导思想的相关举措得到真正意义落实的关键，是高校体育教学条件建设的重要构成内容，是对学校办学质量进行检查、监督及做出科学性评估的关键性依据。为此，各大高校一定要对体育场馆设施建设工作加以特别注重，积极做好体育场馆各项工作，从而促使高校体育场馆建设得到强有力地基础性保障。

在我国教育部门下达的《普通高等学校体育场馆设施、器材配备目录》中将体育场馆设施配备目标划分为基础配备类、发展配备类，基础配备类又划分为必配类和选配类。必配类是以高校体育教学与实施的课外体育活动的相关准求，对于学校的具体规模、发展状况做出明确的界定，各高校一定要严格遵循相关准求来进行配备；选配类是按照高校的基本发展现状为基础，把体育教学内容做出的具体划分，一般情况下，高校体育场馆设施建设配备是必配类与选配类的有效性结合。发展配备类指的是按照高校的办学目标来给出明确的界定，以促使学校教学条件日益完善化，以促使学校体育场馆设备及相关条件更好地达到现代化学生对体育锻炼的现实需求，从而促使高校体育场馆建设水平得到全方位地升高。

为此，高校体育场馆设施建设要将高起点、高标准、高要求作为中心，有效利用现代化科学技术带来的巨大成果，从而促使体育场馆建设能够与新时代新需求相吻合。

（一）选择性和发展性

根据各大高校的发展状况，从基础配备类的角度出发，一般由学校根据广大在校学生的具体情况，结合学校当前的各方面资源状况来选择体育场馆设施。通常，室内场地中包括有：健美操房、跆拳道室、乒乓球房、羽毛球房等。无论做出怎样的选择与安排，高校体育场馆设施建设需要以学校全面发展教育工作的开展互相促进，这样才能够达到高校体育教育的根本性目标。站在项目的角度进行分析，室外场地设备的发展可拓展至滑雪场、轮滑、体操、散打、野外活动、攀岩场、棒球场、民族传统体育活动区域等等；室内场地设施可包含手球场、拳击、形体场地、壁球、固定学生体质健康检测区域等等。

（二）全面性与实用性

站在体育场馆配备类的层面来看，伴随着高校整体实力的提高，室外场地设施在资源配置上可做出一定限度上的增加。对此，可对于高校室内场地设备构建标准与使用性能做出明确的界定，同时安排专门为在校学生体检的检查部门。站在体育场馆发展配备类的层面来看，都可以遵循以往学校的规模来提高设备建设标准。室外场地设施配置主要表现在实际面积、环保与实用性方面；而室内场地设施的配置主要表现在对质量与性能方面。在广大高校体育场馆设施建设标准构建中，一馆多用是基本工作的重点。全面性、实用性是高校体育场馆设施建设标准构建的显著特征，可以说，全面性与实用性是共同存在、相辅相成的。高校体育场馆设施构建过程中需要根据各地区的整体水平来做出科学合理地权衡，因目前各地区经济发展水平存在极大的差异性，为此，学校在制定体育场馆设施建设标准上存在明显地不同。为此各地区要坚持因地制宜的基本准则，做好高校体育场馆设施建设工作。

（三）配备齐全，数目繁多

站在宏观的角度进行分析，体育器材设备的配置呈现出显著的全面系统性和实用性；站在微观的角度进行分析，涉及四十八种体育项目，平均每一类体育项目都需要配置相关的标准要求，可以说是配置类别比较多，是较为完善的。

第四节　高校体育场馆社会服务

随着人民对提高身体素质的要求不断提高，人民所需要的进行体育锻炼的场馆需求也在大幅度提高。虽然国家通过多条渠道来丰富人民的健身场所，但是整体数量上可供人民健身的体育场馆依然偏少，这就迫切需要开放高等院校的体育场馆，高校本身具有服务社会的重要职能。通过分析高校体育场馆开放的背景，认为高校开放体育场馆能够不断丰富社会服务的路径、体现高校体育场馆的公共性、提高使用效率，但是高校的体育场馆开放程度还不够、对应管理不到位等问题都束缚了社会服务性的发挥，因此提出了基于社会服务视角下的高校体育场馆开放策略。

从1952年到2015年之间，多代领导人都提出要鼓励全民健身、倡导健康中国的战略，不断提出大力发展体育运动的指导方针、印发体育产业发展意见、制定相关发展规划，来提升全民身体素质。在硬件配套上，为带动全民的健康热潮，社区、体育产业服务公司、高校、小区都为居民配备了健身器材，不断修建体育场馆，尤其是在2008年北京奥运会成功举办之后，全国各地掀起了全民健身的热潮，截止到2014年，我国共有体育场馆82种，共计125万个，并以每年近10%的速度在增长。在我国的体育场馆中，高校体育场馆占了近7成的比例，如何发挥高校体育场馆的作用，提高体育场馆的使用效率，更好地发挥社会服务功能，让市民和学生交叉使用高校体育场馆，成了当前急需解决的问题。

如辽宁省是东北地区的重要省份，2015年人口达到4 382万人，在2012年成功举办了全运会，带动了地区体育场馆的建设，但是当前公共体育场馆仍然无法满足市民日益提高的健身需求。辽宁省聚集了东北大学、大连理工大学、辽宁大学、东北财经大学、辽宁机电职业技术学院等 116 所普通高校，每个高校都配备了标准足球场、体育馆等体育场馆，在为在校学生提供社会服务的同时，需要进行开放，让更多的市民能够接受服务，才能带动全民健身。

一、高校体育场馆开放的社会服务意义

社会服务是管理部门提供社会需求的活动，是履行政府公共职能的重要指标，在完成提供全民健身场馆的社会服务中，开放高校体育场馆具有重要的意义，具体体现如下：

（一）丰富体育设施社会服务路径

高校体育场馆作为重要的健身资源，在实施开放策略以后，能够不断丰富社会服务的路径：首先是丰富无偿社会服务路径。高校体育场馆通常具有容量大、容易普及等特点，如高校的篮球场、足球场、网球场等等，这些场馆能够为市民提供免费的健身场所，并且市民到高校体育场馆参与体育锻炼，能够遇到高校的体育专业人才，这些人能够为市民提供免费的健身指导，另外高校体育场馆可为公司、企业、社区等举办体育活动提供免费场地，满足大型体育活动场地需求。其次是丰富有偿社会服务路径，在人民的可支配收入越来越高的当前，更多人愿意将钱消费到健身上，因此高校体育场馆以收费的形式，能够为大众提供专业的健身场所，如高校的游泳馆、羽毛球场、健身房等等；也可通过筹办体育培训班的形式，为市民提供体育锻炼指导和培训，提高大众健身的质量；高校体育场馆可充分利用寒暑假的学生放假时间，举办夏令营、商业展销、文艺演出、承办体育赛事、租借体育器材、筹办俱乐部，来不断丰富高校体育场馆的社会服务能力。

（二）能够发挥高校体育场馆的公益性和提高利用率

高校的体育场馆种类丰富、容量大，高校体育专业人才聚集，将高校体育场馆向公众开放，是能够体现体育场馆公共性基本原则的，将带动高校体育场馆的传统教学向社会服务转变，为提高全民身体素质发挥作用。另外高校能够通过数量庞大的学生群体带动市民健身的热潮，为全民众健身营造积极的氛围。再加上高校的办学规模越来越大，很多高校都设立了新校区，新校区、老校区都配备了专业的体育场馆，高校在体育场馆建设上的投入非常大，要让更多的市民到场馆中参与锻炼，才能够发挥高校体育场馆的最大效用。并且高校学生每年都有寒暑假两个假期，假期内很多学生都选择回家、外出，留校的学生很少，这时候高校体育场馆就闲置下来，如果不向公众开放，那体育场馆的资源利用率就很低。

二、我国高校体育场馆开放现状

各级管理部门已经意识到了实施高校体育场馆的开放策略，提高体育场馆的使用效率，

为更多的社会大众提供体育锻炼场所，高校也积极参与，逐步加强管理，并取得了体育场馆开放的一些成效。

（一）积极汲取国外先进经验

国外很多国家在开放高校体育场馆上取得了先进经验，通过不断让高校体育场馆资源向公众开放，成功的带动了全民健身。总的来看，其他国家开放高校体育场馆的策略多为制定相关法律，通过法律的保障来开放高校体育资源。比如韩国，在其《国民体育振兴法》当中，就明确提出学校和大型企业的体育设施，需要被国民所利用；比如日本提出，要让全国体育运动得到振兴，就需要让学校体育场馆为一般的民众体育运动所用。我国在积极汲取世界各国先进经验的基础上，在不违背《体育法》中对学校体育设施的用途规范的前提下，制订了全民健身的实施纲要，提出通过更好地使用高校体育场馆来提升全民身体素质。

（二）积极推广运营

一些高校积极响应国家政策号召，积极推广体育场馆的开放策略。在开放场馆方面，以开放主要场馆为主，如开放篮球场、田径场等等，让社会体育设施较为匮乏的标准运动场地的紧张供给得到满足，满足社会对大型体育团体运动场地的需求；在开放时间的制定方面，为了更好地提高高校体育场馆的利用效率，保证学生的使用时间，高校开放体育场馆都选择在节假日或寒暑假时期、晚上等等；在选择高校体育场馆开放的对象方面，为保证校园的安全，学校会建立一定的甄别制度，让团体、校外单位更好地进入到体育场馆中，但是也不禁止个人居民来参与锻炼；在选择开放形式上，高校进行了多条途径的探索，实施了有偿、无偿、限时有偿等开放形式，来调节进入体育场馆的人员数量。

三、高校体育场馆开放面临的困境

虽然国家已经明确规定，要逐步开放公共体育设施，给更多的群众体育锻炼提供便利，但是在政策实施多年后，仍然面临众多的困境。

（一）高校参与积极性不高

在实施高校体育场馆开放的实施中，各高校的参与积极性不高是目前的主要困境之一。据相关机构统计可见，高校对开放体育场馆持积极态度的仅占30%左右，近7成的高校表示持消极态度，还没有采取策略来推进高校体育场馆的开放。一些学校认为，开放体育场馆获得的收益达不到付出的成本，尤其是在保障学生的安全、保证市民的运动安全等方面，没有明确的责任划分标准，缺乏管理规范，让学校不愿意开放体育场馆。另外，家长考虑到子女的安全问题，也不愿意高校开放体育场馆；再加上第三方的体育场馆管理缺乏，会增加高校体育场馆的管理成本，学校管理的潜在风险变大，以至于高校对开放体育场馆持观望态度。

（二）体育场馆管理难度大

我国近 2/3 的体育场馆都聚集到各大地方高校，为提供更多的社会公众参与体育锻炼的场所，开放高校体育场馆成了重要的一步，在已经实施体育场馆开放的高校中，对体育场馆的管理存在很大的问题，这成为阻碍推进高校体育场馆开放的重大困境。具体表现为：一是高校的体育场馆管理模式创新力度不够，很多高校还是采用传统的管理方法，来管理开放后的体育场馆，将无法给参与体育锻炼的人提供高质量的服务，再加上体育场馆管理的全责划分不明确，具体管理体育场馆的工作人员，不认真履行管理职能，以致于给学校带来很多的困扰；二是在开放形式上较为单一，能够给公众开放的体育场馆较少，提供的附加服务也很少，专业的健身指导严重不足；三是很多高校无法把控体育场馆的开放程度，以致于开放体育场馆存在两个极端，一些学校的开放程度很低，远不能满足公众的需求，一些学校开放程度过高，给学校的安全、管理带来了极大的隐患。

四、高校体育场馆开放策略

积极应对高校在实施正确的体育场馆开放策略过程中面临的困境和难题，为公众提供参与体育锻炼的场所和提供社会服务，需要采取以下策略：

（一）提高高校开放体育场馆的积极性策略

高校是促进体育场馆开放的关键，需要采取积极的应对策略：一是各地方教育管理部门，要制定相关的体育场馆开放管理办法，给高校实施体育场馆开放策略更多的指导和支持；二是以更多的鼓励政策来带动高校开放体育场馆，如提供高校体育场馆管理的经费，来减轻高校体育场馆管理的负担，让一些经费不足的地方高校没有后顾之忧，能够主动地将体育场馆开放；三是要建立公众进入高校体育场馆运动的准入制度，通过事先核实公众身份信息，向公众发放健身卡的形式，提前对民众在公众安全方面进行审核，降低学校的安全隐患，减少安全责任事故的发生；四是要让高校对现有体育场馆进行定期的维修和检查，让体育器材、场馆设施的安全性得到保障，避免公众遭遇不必要的人身安全事故。

（二）加强高校体育场馆管理

高校加强对体育场馆的管理是保证提供更高质量的公共服务的根本，因此针对目前一些高校开放体育场馆所面临的管理问题，继续进行管理方式的创新，改革管理模式，提供更加多样化的服务。首先，各地方高校需要进行前期的调研，掌握公众对高校开放体育场馆的实际需求，包括体育场馆的种类、开放时间、开放形式等等，并预测可能到校体育场馆参与锻炼的人数，根据这些前期搜集的资料，来调整当前的体育场馆管理模式，要保证学生的体育锻炼不耽误，可以引进更为高效的体育场馆管理模式，如承包制，让承包者来承担整个体育场馆的管理，减少高校的管理负担；其次是要不断创新体育场馆开放的形式，提供市民更多的体育服务，尤其是在指导市民的正确健身方面，需要积极制定培训计划，选聘具有专业知识的人员到体育场馆指导市民健身，也可让志愿者来完成此项工作，减少高校体育场馆的运行成本；再次是创新高校体育场馆的用途，让体育场馆既满足锻炼的常规需求，还要让体育场馆资源的利用率提高；最后是要引进更多的专业管理团队，实行体育场馆的企业化、品牌化管理策略，扩大宣传，吸引更多的人来参与体育锻炼。

第五节　高校体育场馆供给结构规制

高校体育场馆供给质量和数量问题是优化高校体育场馆发展的关键。该研究运用文献资料、逻辑推理等研究方法，对高校体育场馆供给结构的规制进行了研究。研究得出：高校体育场馆供给结构的内涵主要包括体育场馆质的规定性与量的规定性的统一，供给结构体现了结构的稳定性。体育场馆质量管理缺乏规范性以及数量供给不足是高校体育场馆结构面临的主要问题。可以从提升高校体育场馆质量管理水平，增加紧缺场馆数量供给两个方面对我国高校体育场馆的供给结构加以规制。

2014年，《国务院关于加快发展体育产业促进体育消费的若干意见》颁布，全民健身和体育产业上升为国家战略，这对于我国体育事业的发展具有重要意义。体育场馆设施是体育事业健康、持续发展的基本物质保障。但反观现实，居民不断增长的体育需求与体育场地设施相对不足矛盾成为我国全民健身事业发展的现实困境。在资源不足的情况下，我国现有的体育场地资源并没有充分发挥其效用，学校体育设施闲置与缺少并存的现象普遍存在。如果这一现象持续下去，不仅难以提高体育设施的使用效率，还会造成大量重复建设。以往研究从管理方式、体制以及人员配备等多个方面进行了原因探析。除这些原因外，高校体育场馆的质量、数量及类型也在一定程度上制约着其发展。该研究利用公共产品相关理论，对高校体育场馆的供给结构进行研究，以期提高高校体育场馆与社会共享的效率。

一、高校体育场馆供给结构的内涵解读

供给结构是公共物品研究中的重要概念，体现了公共产品质和量的规定性的统一。从这一概念出发，物品的供给质量和数量共同决定了供给的结构，进一步可以推导出供给结构是在供给物品的总规模中，不同类型物品的供给状况和地位关系。高校体育场馆包含了体育场、训练馆、足球场等不同类型场地且数量也有所差别。因此，可以从以下几个方面对高校体育场馆的供给结构内涵加以理解。

第一，高校体育场馆供给结构体现了体育场馆质与量的规定性的统一。高校体育场馆质的规定性是高校体育场馆的基本特征，其比如不同阶段高校体育场馆的类型以及哪种类型场馆优先供给等。高校体育场馆量的规定性体现了公共物品构成类别之间的比例关系，即不同类型场馆在总供给规模中所占的比例关系。体育场馆供给的质量与数量共同形成了

高校体育场馆的供给结构，两者是协调统一的。

第二，高校体育场馆供给结构体现了结构的稳定性。在一定的经济发展阶段或在一定的时期内，高校体育场馆的供给结构是相对稳定的。比如，广州大学城高校体育场馆，借助于广州亚运会的举办，供给数量在短时期内发生了变化，导致供给结构的突变，但在亚运会结束后，供给结构进入了相对稳定期。

二、高校体育场馆供给结构存在的问题分析

（一）体育场馆设施质量管理缺乏规范性

随着校园"毒"跑道现象在多个地区频频发生，学校体育场地建设标准及安全问题成为社会关注的焦点。高校体育场馆质量管理的本质是优化有限体育场馆资源的时空配置，从而为师生、为居民提供优质的健康、舒适、安全的体育锻炼环境。但现实中高校体育场馆的质量管理无论是在建设初期还是在后期使用维护上都存在规范性不足的问题。在建设质量管理方面，高校体育场馆因用途的多样化导致在建设过程中遵循的标准不同，比如用于举办大型体育赛事的高校体育场馆标准，明显高于一般场馆的建设标准，导致标准不统一。在场馆设施的维护方面，目前国家层面并没有关于体育场馆维护、维修的统一标准，很多高校因维修资金的缺乏等原因对体育场馆的维护不到位，导致场馆设施质量出现问题，引发运动安全事故。

（二）体育场馆供给数量相对不足

高校体育场馆供给数量是完成高校体育教学任务的基本保障，也是学生体育教学权利实现的基本保障。根据教育部统计，截止到 2013 年教育部批准的高校共有 2198 所（不包括一校两地办学的）。根据教第六次全国体育场地普查的数据可以看出，教育系统管理的体育场地 66.05 万个，占 38.98%；场地面积 10.56 亿 m²，占 53.01%，但其中高等院校仅占有 4.97 万个，数量占比 2.94%。从学校平均占有数量来看，现有的供给数量已经不能完全满足学生体育活动的需求。在实际观察中学生因场地设施不足而不能进行体育活动的现象或等待体育场地闲置的情况也较为普遍。因此，无论是从整体上分析高等院校体育场馆整体占有数量还是从学生可使用的体育场馆设施来看，我国高校的体育场馆供给数量还有很大的上升空间。

三、高校体育场馆供给的规制策略

（一）提高体育场馆质量管理水平，减少运动伤害事故

高校体育场馆的质量问题是保证学生身体安全和运动安全的最基本要求，同时也决定了高校体育场馆的使用寿命。因此，供给质量体现了学校体育场馆供给结构的基本特征。从实际情况出发，当前提高体育场馆的质量管理水平可以从建设和维护两个层面推进。

在建设质量层面，国家应根据高校学生的身心特点、大型建筑内在要求以及体育场地设施特点，出台统一的国家标准，对于建筑所使用的材料是否达标、有害气体的控制等方面进行严格规范。在场馆维护层面，国家应该增加相关政策的供给力度，如资金方面，除国家层面的拨款外，应提倡学校利用高校体育场馆的资源优势增加创收，用于场馆的定期维护和维修。同时，在维护维修的周期、标准等方面进行规定，从而降低运动安全事故发生的概率。

（二）增加紧缺体育场馆供给数量，提高人均场地面积

高校体育场馆的基本功能是完成学校正常的体育教学、训练及比赛任务，在此基础之上与社会共享。无论是用于学校学生的体育教学还是向社会开放，都对体育场馆的数量提出了要求。但供给数量的增加并不是简单的数字变化，而更应该从学校需求、社会需求的角度有目的地进行增加。

首先，以高校体育课程的需求为导向增加场馆设施数量。高校性质以及办学定位的不同使得学校对于体育课程的诉求不同，比如一些职业院校开展户外拓展课程，就应该增加相应的场地数量才能保证课程质量。其次，以学生课外体育活动需求为导向。调查中发现学校体育场地设施中使用频率最高的是篮球场、羽毛球场等，这些场地设施在一定程度上存在供给数量不足的现象，但是一些大型体育馆却很少对学生开放。因此，应该从学生需求角度出发增加使用频率高的体育场馆设施。再者，以方便社会共享为导向。居民体育生活方式与学校体育教育的开展有所差别，但高校体育场馆又要承担一定的体育公共服务任务。因此，应该在深入分析学校体育教学需求、学生体育活动需求以及居民体育活动需求三者的基础上，调整不同类型体育场馆的供给数量。

高校体育场馆是我国体育场馆设施资源的重要组成部分，在高校体育教学发展和国家全面推进全民健身战略的时代背景下，从供给结构的角度研究高校体育场馆的质量和数量，对高校体育场馆在实际供给中的质量和数量问题加以规制，有利于优化我国高校体育场馆的资源配置，充分发挥高校体育场馆资源的效用，促进高校体育场馆设施健康发展。

第六节　高校体育场馆市场化方法

高校体育场馆市场化运营是发展趋势，也是我国相关的法律性文件与政策所支持的。因此，进行市场化运营需要相应的方法与理论探析，对经营模式、运营模式、管理方法等方面提供科学的理论支持。

一、高校体育场馆的市场化经营的必要性

（一）是符合现代我国市场经济发展的需要

随着我国改革程度的进一步加深，市场经济几乎渗透到我国的各行各业。高校的体育场馆大部分属于国有资产，每年对体育场馆以及设备的维修、管理政府都要投入相当部分的经费。随着教育的改革，我国的高校也要适应市场经济的发展，高校独立发展、自主经营将是将是我国高校的发展趋势，因此，高校体育场馆的管理也要打破过去计划经济时期的管理模式，适应新时期市场经济的发展需要。

（二）是健身市场的需要

随着我国体育人口的逐渐增加，体育场地成为制约我国群众体育发展的主要因素。我国尽管近年来高校体育场馆从封闭到逐步外开放的程度在逐步加大，但是相比庞大的健身人群需求还要进一步加大开放程度与力度。

（三）是国家政策要的要求

在《国家体委关于深化改革加快发展县级体育事业的意见》中指出，要提倡和引导群众进行自我健康投资，吸引和鼓励体育健身消费。要充分发挥社会各方面的积极作用，逐步形成政府拨款、单位投入、社会筹集和个人投资相结合的，多渠道、多层次、多形式的全民健身资金投入体系。这就要求高校体育场馆可以此为契机，从场馆的建设、运营、设施的配备、场馆的管理进行市场化的操作，一方面增强高校自身的自主权，提高经营效率与效益；另一方面确保了国有资产的保值与增值，保护了国有资产。

二、高校体育场馆市场化运作方法

（一）建立场馆经营模式

我国已经有许多高校的体育场馆在市场化经营中走企业经营模式。目前高校场馆经营模式在"专一化＋单一化"经营模式、"差异化＋单一化"经营模式、"单一化＋多元化"经营模式、"差异化＋多元化"经营模式，而且多数处在经营模式上的初步阶段，存在经营上的粗放状态。因此高校要根据自身的具体情况建立相应的经营模式。第一，要明确场馆对外开放的消费者，确定消费者主体的特征以及体育消费行为与消费心理特点。第二，对体育场馆的评估。对场馆场地的质量与标准、容纳量、地理位置与环境、提供体育项目、设施的配备与质量、可改造程度等方面进行全面的评估，以进行科学合理的规划设计与经营计划。第三，对场馆市场化经营的制约因素的统筹。目前制约我国高校进行市场化经营的因素主要有学校相关领导的思想、场馆的资金来源、场馆的产权、场馆本校教学与训练、开放时间等因素。

（二）场馆组织结构的建设

①建立主管部门。它负责场馆一切事务的计划与安排，并对场馆的经营直接进行决策。包括对服务人员的管理、培训、定价标准、开放程度、场馆项目的设置、场地的改进、资金的安排等。②建立场馆收费部门。它负责对健身人员的收费以及场馆场地的安排工作。③建立营销部门。改进、负责场馆项目的推广与宣传工作，利用现代科技技术对场馆进行包装，不仅仅是页面的宣传广告，还有互联网的页面广告；还要进行关系营销，促进形成一个圈的关系朋友健身人群的形成。对于资金短缺的场馆在经营初期可减少功能部门的建设，加宽管理人员的控制跨度，尽量的减少成本。要注重自己的项目服务指导工作与销售，对于一些体育项目教练的水平影响项目的收益。随着市场的成熟，其他部门也会逐步建立，像财务部门、后勤维修部门、人力资源部门等。

（三）场馆管理模式的建立

①直接管理模式。目前，许多高校的管理模式停留在直接管理模式上，在市场化的初期，由于场馆的市场业务还没有那么广泛，因此经营者可以采取这样的管理模式，这样有利于经营者调动优势的场馆资源进行经营，提高管理的效率。②制度管理模式。随着健身人群的增多，对运动项目的需求量增大，那么可采取制度管理模式。通过建立相关的管理制度，明确各部门、工作人员的工作职责，促使工作人员以及健身锻炼者能够遵从制度的要求。在工作人员制度的管理上要具有创新性，激发工作人员的热情与创造力。制度建设要有创新性。如有的场馆工作薪资将设为底薪＋提成的模式，有的则是责任底薪等方式盘活了工作人员的热情，发挥员工的潜能；价格制度，多数场馆经营中在收费方面较合理，采取差别收费。场馆的管理模式具有阶段性，管理人员要根据场馆的经营情况安排切合实际的制度。

（四）拓展经营方式

目前，学校开放体育场馆的经营方式基本上存在 5 种主要形式，即本部门直接经营、个人承包经营、集体承包经营、租赁经营和联营，并且还存在几种经营方式的混用。在这几种方式中，承包经营营利较多。鼓励场馆负责人要根据场馆的自身条件与周边经济状况拓宽自己的经营方式，如可以在学校主管部门领导下由物业进行经营，这样既照顾到学校的使用权利又兼顾了物业的营利需要。

（五）拓展经营范围

场馆与当地的体育协会联系，定期地举办当地协会组织的体育竞赛、培训。成立属于场馆的运动队，参加当地举办的竞赛，一方面展示场馆师资力量，另一方面展示场馆培训水平。举办校园的文化娱乐活动，如进行当地的学校歌唱比赛，演讲比赛等。

国家鼓励高校体育场馆对外开放仅仅是一个开始，市场化经营是符合社会主义市场经济发展的趋势。高校要转变思想，统筹规划，改革场馆的管理方法，挖掘场馆资源的潜力，减轻高校的经济压力。

第七节　高校体育场馆社会共享

如何充分发挥高校体育场馆的社会功能，已成为供给侧改革背景下的重要课题。本节分析了制约高校体育场馆社会共享的因素，提出了体育领域供给侧改革的客观要求，提出了供给侧改革背景下高校体育场馆社会共享模式。具体共享模式包括：行政手段介入的政府主导型模式、学校专门管理的自主经营型模式、专业承包公司的承包租赁型模式、社会机构负责的托管协会型模式、面向专业群体的体育俱乐部模式。本节研究成果，为高校体育场馆社会共享提供指导，为全民健身提供路径选择，使广大群众充分享受到供给侧改革的成果。

供给侧改革，是从提高供给质量出发，用改革的办法推进结构调整，提高供给结构对需求变化的适应性和灵活性，更好地满足人民群众需要，促进经济社会持续健康发展。我国群众体育场馆设施相对缺乏，需求与供给之间存在巨大差距，供给侧改革为高校体育场馆对外开放提供了新思路。高校体育场馆是为满足高校教学、训练、科研、竞赛和课外体育活动而专门修建的体育设施，在满足高校正常体育活动的基础上，为缓解社会体育场馆短缺的矛盾，以有偿或无偿的形式，向周围社区群众和企事业单位开放，这既解决了体育场馆供需失衡的矛盾，又解决了高校体育场馆设施维护资金不足的问题，符合供给侧改革的客观要求。美国、法国和日本等发达国家都明确提出了大力开放学校体育场馆设施的举措，取得了良好效果，并且形成了较为成熟的管理模式，为我国高校体育场馆社会共享提供了可借鉴的经验。通过本课题研究，在保证高校体育活动正常秩序的前提下，加大高校体育场馆社会共享程度，提高高校体育场馆的利用率和管理水平，并为高校体育场馆资源的科学利用提供理论基础。

一、城市化进程中的体育资源供给分析

城市化发展伴随着人类物质文明和精神文明的发展，都市圈、城市群、城市带和中心城市的发展预示着中国城市化进程的高速起飞。体育作为一种城市公共文化形式和城市生活方式，在城市化进程中理应得到更多的关注，但以广场舞"噪音扰民"和"争抢场地"事件为代表引发的冲突，暴露出体育资源供给存在的结构性问题，现从以下三个方面简要分析。

（1）城市化导致公共体育资源供给数量不足。人口规模是公共体育资源配置的主要依据，人口规模越大，公共体育场地设施的数量和规模要求越多。国土资源部发布的《城市公共体育场馆用地控制指标》，提高了城市建设中体育场地设施的规模数量。但由于人口基数大，因而人均占有的体育资源并未得到明显提升。尤其是中东部地区的一些大城市，

常住人口高速增长，出现了不增反降的现象。

（2）人口结构变化引发公共体育资源供需错位。受计划生育政策影响和生育观念的转变，我国现阶段人口出生数量不断下降，成为典型的低生育率国家，人口结构发生了较大变化，老龄化将成为中国各大城市遇到的重要问题。老年人有更多的空闲时间从事体育锻炼，但健身方式多样化、健身器材科技化和健身场所高端化，更多是满足年轻人快节奏的生活，不能满足老年人的健身需求。

（3）城市布局造成公共体育资源结构性短缺。公共体育资源的配置必须要有适当的服务半径，才能使居民方便享受到公共服务。很多大城市为举办大型体育运动会，政府投资修建了大量的体育场馆，但受城市土地价格以及空间限制的影响，这些场馆大部分修建在郊区，导致利用率下降。社会投资修建的健身场馆虽然分布在居民区附近，但收费较高、功能单一，主要面向年轻人群体。

二、制约高校体育场馆社会共享的因素分析

体育场馆设施固有条件是影响对外开放的主要因素，包括规模、数量、质量和设施等。高校体育场馆社会共享程度与高校自身条件、地理位置和办校特色存在相关关系。很多文献将制约因素归纳为硬环境和软环境两个方面，本课题研究将制约因素归纳为以下四个方面。

（1）落后的观念意识和传统的封闭思想。受传统思想影响，很多高校领导管理思想保守，对高校体育场馆承担的社会功能重视不够，缺乏市场意识，认为高校体育场馆就是为满足自身需要而建造的，高校有足够的资金维护体育场馆运行，社会共享所获取的资金微不足道。

（2）缺乏专业的经营管理人才影响经济效益。高水平的经营管理人才是高校体育场馆社会共享的前提和基础。目前高校体育场馆的管理人员大多数是后勤人员或临时外聘人员，他们的工作内容主要是日常看护、维修和收费，没有现代化的经营思想，更谈不上改革和创新。

（3）缺乏专职的体育指导员制约服务水平。有些体育活动要求很高的技能和技巧，需要体育指导员的专业指导。很多人从事体育锻炼，也希望得到高水平的技术指导。高校虽然有很多体育老师，但主要从事教育与科研工作，并不参与社会体育指导，体育场馆社会共享似乎与他们无关。

（4）经营管理体制以及社会共享模式单一。高校体育场馆开放时间不能与学生正常上课时间相冲突，社会利用率较低。在共享方式上也只是部分开放，有些采用租赁经营方式，大多数还是由体育教学单位或后勤部门负责管理，仅仅是制定了一些收费标准，缺乏完备的规章制度。

三、体育领域供给侧改革的客观要求

以"健康中国2030"战略为引领，整合体育资源，促进体育需求和消费不断增长，本节将体育领域供给侧改革的客观要求归纳为如下三个方面。

（1）优化体育结构增加有效供给。增加体育基础设施供给，补总量短板；增加体育赛事供给，提高赛事组织技术和管理水平；增加公共体育服务供给，增加特色体育需求供给，促进全民健身与全民健康的深度融合；丰富大众体育生活，满足不同消费者的多样化需求。

（2）创新体制机制盘活体育资源。创新运动队培养体制，促进体育高端人才有序流动；创新体育场馆运营体制，推动体育场馆所有权与经营权分离，降低使用成本；建设体育公共服务平台，实现线上线下有效对接；推动体育场馆功能升级，推动体育场馆综合功能的创新开发。

（3）加强政策引导做强体育市场。建立产业引导基金，做强体育金融市场，引导社会资金积极投入；优先培育体育高新技术企业，做强大众体育产业市场，打造高端智能体育装备基地；积极引导大众建立体育健康生活方式，做强体育消费市场，不断提高大众运动科学化水平。

四、供给侧改革背景下高校体育场馆社会共享模式

以供给侧改革为契机，以促进供需均衡发展为目标，依据高校体育场馆社会共享的制约因素，针对高校体育场馆社会共享过程存在的问题，结合体育产业供给侧改革的客观要求，本节提出的高校体育场馆社会共享模式如下。

（1）行政手段介入的政府主导型模式。针对很多高校办学经费非常充足，体育场馆共享获取的经济收入微不足道，缺乏体育场馆社会共享积极性的现状，政府有必要采取行政介入手段，发挥政府在资源共享过程中的引领作用，实现与高校的良性互动和合作共赢，明确国家投入的体育资源并不为高校所独享，具有为人民大众服务的义务。

（2）学校专门管理的自主经营型模式。改变过去由后勤部门或体育教学部门管理的状况，组建专门的具有市场化经营理念和体育场馆管理经验的团队，依据规章制度自主经营。优点是熟悉体育场馆设施情况，便于检查和维护，能够在保证教学需要的前提下充分发挥社会功能；缺点是经营管理团队难以组建，管理不到位容易出现事故。

（3）委托第三方机构的承包租赁型模式。让专业的人做专业的事，学校负责提供场馆和设施，引入第三方机构负责运营，这样既发挥了第三方的经营管理优势，又解决了学校的管理难题。但在实际运行过程中要注意两个问题：一是明确双方的权利义务关系，尤其是对安全事故的处置；二是充分保证教学需要，以及本校教师和学生的需要。

（4）社会机构负责的托管协会型模式。在不改变体育场馆产权性质和功能的前提下，按照合同委托给托管协会进行管理的行为。通常的托管协会是一些为达到共同目标自愿组

织起来的同行，不以经济效益为目的。把体育场馆委托给托管协会，既解决了学校经营管理的难题，又可以最大限度地利用场馆资源，产生更大的社会公共效应。

（5）面向专业群体的体育俱乐部模式。采用这种模式的优点是经营管理方式简单，可以充分利用高校体育教师资源提供专业化指导，能够提高体育俱乐部成员的运动技术水平，避免了在财务收费问题上的政策瓶颈；但缺点是使用群体相对较少，场馆闲置时间较多，社会共享功能并未得到充分发挥。因此，这种模式比较适用于专业化程度较高、群众普及率不高的体育项目场馆设施。

第三章　高校体育场馆建设

第一节　包头市高校体育场馆

包头市高校体育场馆设施完备，具有一定规模，但在资源再利用方面存在社会价值未充分发挥的问题。因此，我们应结合包头市高校体育场馆资源的开发现状，认真分析体育场馆资源在利用中存在的问题，并制定有效地应对策略，推动包头市高校体育场馆资源的综合开发利用。

目前包头市高校体育场馆资源丰富，能够满足校内使用需要，高校也有发挥体育场馆社会服务功能的意愿。但是受到诸多因素的影响，包头市现有的高校体育场馆资源存在利用不充分的现象，既影响了体育场馆资源的综合利用，又不利于体育场馆资源的循环利用开发。因此，我们应当结合包头市高校体育场馆资源的现状，制定有效地应对措施，保证高校体育场馆资源能够在利用中取得积极效果。

一、包头市高校体育场馆资源及对外开放现状

（一）包头市高校体育场馆资源配置情况

包头市共有大专院校 7 所，各高校体育场馆资源丰富，大部分高校都根据实际需要配备了足球场、篮球场、室外排球场及其他体育场馆。体育场馆资源能够满足高校师生的教学、训练及群体活动的需要，对发展各高校的体育工作起到了重要作用。部分学校的场馆对社会开放，提高了场馆的利用率。

1. 包头市各高校体育场馆配置情况

目前在包头市高校体育场馆中，标准足球场、五人制足球场、室外篮球场、室外排球场、室外网球场、田径场以及综合性体育馆等一应俱全。其中，综合体育馆 5 个，网球场 9 个，篮球场 10 个，排球场 5 个，羽毛球场 62 个，乒乓球台 97 个，功能房 12 间，体能测试室 4 个。大部分高校都按需要建设了室内体育场馆，在数量上满足了在校师生教学、训练、群体活动的要求，但有些场馆也在使用中出现闲置的状态。从包头市高校体育场馆的总量来看，大部分高校能满足高校师生的实际需求，并利用空余时间对社会开放，增加体育场馆的利用率，发挥高校体育场馆的社会服务功能。

2. 包头高校体育场馆设施建设和使用情况

多数体育场馆是在建设新校区时建造的，也有个别高校近年翻新了原有的体育场馆设施。部分学校室内体育馆依托于田径场看台，占地面积小但功能齐备，场地空间利用率极高。部分学校的综合型体育场馆建筑面积大，能够承办大型体育比赛，教学训练使用时实用性也很高。很多学校室外场地存在老化问题，部分学校近年对室外场地进行了翻新改造，一些经过翻新改造的场地还通过 FIFA 认证，场地规格高。

（二）包头市高校体育场馆开放情况

1. 高校体育场馆开放情况

从目前包头市高校体育场馆的开放时间来看，对社会开放时间集中在周一至周五18：00～21：00，周六、日8：00～20：00，其他时间供校内使用。个别高校在社会开放的时间段预留了师生免费活动的场地供师生活动使用，部分高校对师生在社会开放时间段使用也采取了收费的方式。除了对本校师生开放之外，对社会开放采取了分类开放和限时开放的方式，并采取有偿租赁和承办赛事的方式，对高校现有的体育场馆资源进行综合利用。有两所学校因不具备条件，校内体育场馆不对外开放。

2. 高校体育场馆对社会开放的运营情况

目前包头市高校体育场馆的收费各高校间差距不大，与社会场馆相比，收费价格较低，处于公众容易接受的范围。通过场馆的对外开放，提高了场馆的利用率，满足了场馆的利用需要，同时为高校的场馆维护贴补一些资金，同时场馆的社会开放也对学校的宣传起到了重要作用。

3. 高校体育场馆管理模式

高校体育场馆的管理模式主要分为三种情况：即体育部门直接管理、学校直属专门部门管理、体育部门管理并下设场馆管理科室。包头市高校大部分采用体育部门下设场馆管理科室进行管理，管理模式可以达到体育场馆管理使用的需求。

二、包头市高校体育场馆开发利用中存在的问题

（一）缺少政策性指导文件

教育部、国家体育总局 2017 年出台了《关于推进学校体育场馆向社会开放的实施意见》。意见明确指出把学校体育场馆开放作为贯彻落实《"健康中国 2030" 规划纲要》和《全民健身条例》的重要举措，要求提高认识、统一思想，积极、稳妥、逐步创造条件推进开放工作，不断提高学校管理及体育工作质量和水平。但包头市没有具体的意见实施方案。各高校有意愿利用高校体育场馆的空闲时间发挥社会服务功能，但在实施时受到很多政策性的限制，例如场馆开放的收益远小于开放成本的支出、收费上缴市财政通道没有明确文件、开放导致的场馆维护费用过高等，这些都导致了高校体育场馆在开放过程中，存在开放管理难度大、场馆开放时间短、场馆使用限制条件多等问题，既影响了体育场馆的开发

利用，又制约了体育场馆利用效果的提升。因此，只有在地区层面制定具有指导性的实施方案，才能充分发挥体育场馆的利用价值，保证高校体育场馆在利用过程中取得积极效果。

（二）体育场馆开放规模、形式不能满足民众活动需求

目前包头市高校体育场馆资源丰富，场馆的类型多，场馆种类较为齐全，能够满足公众的多种锻炼需求。但现阶段包头市高校体育场馆开放规模较小，在体育场馆的开放形式方面也不能满足民众的活动需求，导致了高校体育场馆资源在利用过程中存在一定的矛盾，这一问题制约了高校体育场馆资源的充分利用，不利于高校体育场馆资源的开发。如何扩大高校体育场馆开放规模，对高校体育场馆的利用具有重要影响。

（三）体育场馆对社会开放与满足校内需求的矛盾

从高校体育场馆的功能定位和服务目标来看，高校体育场馆的首要服务对象是在校师生，高校体育场馆的建设目的是为了满足在校师生的体育教学、训练和群体活动的需要，在利用过程中应当以满足校内需求为主。但如何更科学地合理安排，提高场地使用率，如何协调高校体育场馆资源的综合利用，对高校体育场馆的利用而言具有重要影响。

三、包头市高校体育场馆开发利用的发展思路

（一）探索建立高校体育场馆联盟

在体育场馆开发利用过程中，建立完善的体育场馆利用制度，结合高校现有的体育场馆管理制度，对制度进行补充和完善，提高制度的全面性。同时，在管理制度中，根据体育场馆的具体情况和体育场馆的类别，制定科学的利用方案，保证体育场馆在利用过程中，能够根据场馆的特点和场馆的类型进行综合利用。在此基础上，探索建立高校体育场馆联盟，由主管部门推动成立包头市高校体育场馆联盟。"联盟"为会员单位，通过手机 App、微信小程序，对各高校体育场馆空余时间统一规划，为社会民众提供更好的服务。同时"联盟"可在政策方面与上级主管部门有效沟通，为体育场馆提供强有力的后勤保障，最终提高各高校体育场馆的综合利用率。

（二）明确场馆功能定位，做到场馆开放科学、合理、可行

对于包头市高校体育场馆资源的利用而言，既要注重开发，也要注重利用，在体育场馆的利用过程中，既要考虑到高校的现实需求和高校的内部需求，也要与服务社会相结合，使高校的体育场馆资源能够作为城市的公共资源得到有效利用。在承办城市的大型赛事以及举办城市的体育活动，特别是在推动全民健身活动有效实施过程中，使高校体育资源的作用能够得到充分发挥。通过这些具体有效地措施，能够使高校的体育场馆资源在开发和利用过程中有明确的方向和目标，能够在利用过程中满足利用要求，提高利用效果，推动高校体育场馆资源的综合利用。通过举办特色活动和承办大型赛事的方式，提高体育场馆的知名度，发挥体育场馆的基本功能，吸引市民参与公共活动，进而参与到高校体育馆举

办的特色体育活动中，为高校体育馆创造良好的效益。

（三）给予政策性指导，更新学校对外开放观念

为了提高高校体育场馆资源的利用率，自治区应当出台相应的体育场馆开放实施方案，主管部门应给予政策性指导，增加资源利用水平，根据体育场馆资源的类型和特点制定有针对性的实施措施，并对向社会开放的场馆给予一定的资金支持，保证高校体育场馆资源在利用中能够破除瓶颈，更新学校对外开放观念，按照高校体育场馆资源的情况采取有效地利用措施，满足高校体育场馆利用需要，解决高校体育场馆利用中存在的问题。

综上所述，我们应当树立正确的集约化管理思路，实现高校体育场馆资源开发与利用相结合的综合管理，推动高校体育场馆资源的综合利用，根据体育场馆资源的利用效果和具体要求采取针对性措施，实现现有体育场馆资源的统筹管理和高效利用。

第二节　吉林省高校体育场馆

随着国务院《全民健身计划纲要》的出台，我国体育事业迎来了蓬勃发展的大好时期。体育场馆资源是体育产业领域中的一个重要组成部分，作为体育事业发展的重要物质基础，其利用发展程度将直接关系到体育事业发展的前景。

本书通过对吉林省高校体育场馆资源现实状况及开发利用情况的研究，系统地分析了高校体育场馆资源开发利用的影响因素，并在此基础上提出了高校合理有效开发利用体育场馆资源的建议和措施，从而探索出一条合理解决高校场馆有偿开放的途径。

一、研究内容

（一）吉林省高校体育场馆资源现状

目前，吉林省 35 所普通高校共有 852 个体育场馆，其中室内场馆 318 个，室外体育场 534 个。从省内情况来看，高校体育场馆大多集中在长春、吉林等地市，其他地区场馆资源匮乏，存在着资源分布不均衡的问题。从全国情况来看，吉林省高校体育场馆数量排名靠后，特别是与北上广等经济发展较好的省市相比，高校体育场馆资源差距尤为明显。

（二）吉林省高校体育场馆资源开放利用情况

高校体育场馆资源开发利用方式主要是借鉴国外先进管理经验，采取有偿开放模式。有偿开放是指高校在保证正常体育教学的基础上，为满足广大体育爱好者的需要而对外开放的一种形式。从本节调查统计情况来看，目前吉林省 35 所高校中有 26 所选择在有限时间里对外有偿开放，且大多以大众健身、体育培训为主要开放内容，其余 9 所高校由于场馆资源有限，因此主要用于学生训练，现尚未对外开放。

二、研究方法

采用文献资料法、专家调查法、问卷调查法、统计分析法分析吉林省普通高校体育场馆资源现状、影响因素及开发利用情况。设计了相关的调查问卷，进行发放回收及统计。共问卷发放 240 份，回收 172 份，有效问卷 142 份，问卷回收率为 71.6%，有效率为 59.2%。通过众数、平均数、对比分析等多种技术方法对调查问卷数据进行分析，由点到面、由表及里的对吉林省普通高校体育场馆资源现状及开发利用研究。

三、结果与分析

（一）吉林省高校体育场馆资源配置现状与开发利用情况

1.吉林省高校体育场馆资源配置现状

对长春大学、吉林大学、北华大学、东北师范大学、吉林师范大学、延边大学、东北电力大学等 35 所普通高校体育场馆资源进行调查统计可知，截至目前吉林省高校共有 852 个体育场馆，其中室内场馆 318 个，室外体育场 534 个。从省内情况来看，高校体育场馆大多集中在长春、吉林等地市，其他地市场馆资源匮乏，存在着资源分布不均衡的问题。从全国情况来看，吉林省高校体育场馆数量排名靠后，特别是与广东、上海、浙江、北京等经济发达省市相比，高校体育场馆资源差距尤为明显。

2.吉林省高校体育场馆资源开发利用情况

体育场馆有偿开放是高校体育资源产业化发展的趋势，这不仅可以为高校带来经营性收入，而且还可以改善体育基础设施，提高教学质量。本节从以下四个方面研究吉林省高校体育场馆资源开发利用情况。

（1）体育场馆开放的时间

在所研究的高校中，85% 的高校有偿开放时间主要集中在下午、晚上、双休日和节假日。从调查的情况来看，选择在下午和晚上开放场馆的高校最多，因为下午和晚上学校教学活动基本结束，所以选择在这个时段开放体育场馆资源能更好地满足广大师生和群众健身的需要。节假日期间，由于种种原因目前仅有 38% 的高校体育场馆资源对外有偿开放，因此无偿开放体育场馆基本处于关闭状态。

（2）体育场馆服务项目内容

从调查结果来看，对于人们喜爱程度较高，场地资源相对较为充足的高校体育场馆运动项目采取的是无偿开放形式，如篮球、排球、足球等；而对于人们喜爱程度较高、场馆资源相对匮乏的运动项目采取的是有偿开放形式，如游泳、羽毛球、乒乓球、网球等。

（3）体育场馆开放对象

目前，吉林省高校体育场馆的开放对象涉及三类群体：第一类是在校学生，主要进行日常体育课程教学训练，采取的无偿开放形式；第二类是在校教职工，采取的无偿和有偿两种开放形式，正常学生教学的场馆利用采取的是无偿开放形式，对于深受学生喜欢的运动项目且高校场馆资源紧张的采取的是有偿开放形式；第三类是社会公众，对于一些社会群体举办的体育活动或体育竞赛，采取有偿开放开式。

（4）体育场馆收费情况

高校在完成教学和训练的工作外，可以利用课余时间向社会群体开放高校体育场馆，这样既避免资源闲置浪费，又迎合了大众健身需要。吉林省大多数高校体育场馆采取有偿开放的运营管理方式，因为各地方各地市消费水平不同，面对的消费群体也不同，所以收费标准存在差异。

（二）吉林省高校体育场馆资开发利用影响因素

1. 场馆运动项目的设施配置

体育场馆运动项目的设施配置决定着高校场馆资源的开发利用效率，也影响着运动项目的营利能力。运动项目硬件设施不完善，数量匮乏，场馆有偿开放的可能就会大大降低。比如，游泳项目，若配有更衣室、浴室等，达到配套设施健全，那么该项运动的营利是非常可观的。可见，从高校在体育场馆资源的项目配置上也可以看出有偿开放的营利水平。

2. 场馆所处地理环境因素

体育场馆所处的地理位置与场馆的营利状况存在正相关关系。若体育场馆位于人口密集区，营利状况就比较好，反之，营利情况相对较差，这是因为体育场馆位于市中心，一般情况下流动人群数量较大，高校体育场馆会有更多的体育运动群体和比较稳定的群体。所以，高校体育场馆所处的地理位置对体育场馆的运营管理影响显著。

3. 高校体育运动训练因素

高校体育场馆资源对外开放与否取决于多个因素，大致分为校内因素和校外因素，且校内因素占了很大比重。目前，高校体育场馆资源除正常的教学活动以外，大部分时间被高校自由竞赛队伍占用，用于备战各种竞赛项目训练，因为体育竞赛队伍能为高校争得荣誉，所以高校通常会支持参赛队伍的经常性训练而放弃将体育场地进行有偿开放，最终会影响体育场馆的有偿开放水平。

4. 体育场馆常规教学因素

高校在开放体育场馆的同时，首先要保证体育课和训练任务的完成。首先要考虑学校的正常体育课内容，开放的时间段要合理安排，保证发挥高校体育场馆的最大作用。同时，高校体育教学质量的好坏也会对体育场馆进行有偿或无偿开放产生一定的影响。教学质量高可促使学生对一些体育项目感兴趣，激发学生利用业余时间参加运动和锻炼的积极性，进而影响有偿开放水平。

（三）吉林省高校体育场馆资开发利用对策研究

1. 提高高校体育场馆综合开发水平

目前，国外高校将体育场馆资源对外开放定位为集教育、休闲、文化、科教与一体的场馆。吉林省高校应该借鉴国外的经营模式，在不影响体育场馆正常的教学和训练的前提下，将其定位成综合的商业中心、娱乐中心和购物中心，在场馆举办大型的体育活动中，利用一切可以利用的位置分布大量商业广告，提高高校体育场馆的运营效果和经济效益。

2. 提高高校体育场馆建设管理的科学性

高校体育场馆资源建设管理的科学性主要体现在场馆规划设计和运营管理两个方面。在规划设计上，要突出绿色和创新两大理念，融合更多高科技元素，将体育场馆建成集创新、绿色、科技于一体的建筑体，如鸟巢、水立方等场馆，同时还要考虑体育场馆与周围环境的协调性；在运营管理上，要将新技术运用到体育场馆运营管理的各个环节中，有效提高体育场馆的水平。目前国外高校体育场馆管理不仅成功运用了一卡通消费模式、智能门票系统、场馆软件管理系统网上预约等有效手段，还建立了类似酒店管理集团的管理模式，实现场馆集约化经营，发挥其最大的使用价值，有效地提升了体育场馆的管理水平。

3. 加强高校体育场馆无形资产的开发与经营

从目前国外高校体育资源运营管理经验来看，有形资产已不能为高校带来可观的收益，无形资产的开发利用成为高校关注的焦点，它既是高校创收的关键，也是高校对外树立知名度和影响力的有效途径。国外高校以冠名权为营利渠道的无形资产开发是最有成效的，也是最普遍的一种方式。所以，高校体育场馆无形资产的开发决定了体育场馆资源运营管理的成败，吉林省高校体育场馆资源的开发应结合省情，有效借鉴国外高校场馆运营管理的成功经验，走出一条适合地方高校体育场馆资源开发的经营之路。

4. 挖掘高校体育场馆资源潜在的经营价值

从调查研究情况看，目前吉林省大部分高校体育场馆资源还未达到充分利用。对此，吉林省高校应结合自身实际情况，实行多元化经营模式，从场馆的有形资产和无形资产两方面入手进行挖掘体育场馆资源的潜在经营价值，使其达到最大限度的开发与利用。一方面，高校可以充分开发利用体育场馆的各种功能用房、看台下空间等附属空间开展商业、餐饮等多元化经营；另一方面，还可以积极开发人力资源、品牌、商誉等无形资源，实现体育场馆资源的充分利用，追求利益最大化。当然，高校体育场馆资源的经营多元化也不是经营的业务越多越好，应有所侧重，避免盲目经营陷入发展困境。

基于上述分析，吉林省高校体育场馆资源开发应借鉴国内外体育场馆经营的先进经验，在提高高校体育场馆综合开发水平、高校体育场馆建设管理的科学性、高校体育场馆无形资产的开发与经营和挖掘高校体育场馆资源潜在的经营价值四个方面下功夫，为全民健身事业发展发挥更大的作用，切实满足健康产业的需要。

第三节　长春市高校体育场馆

基于互联网,对体育场馆社会化共享平台技术进行研究。通过虚拟化方式共享的模式,使存储、网络、软件等资源按照用户的动态需要,以服务的方式提供,以"协同教育资源,促进开放共享;服务群众需求,促进社会发展"为宗旨,建立体育资源社会化共享平台,提高体育资源社会化利用和管理水平,逐步形成城市体育资源共享服务体系,促进群众体育蓬勃发展,推动健康城市建设。

长春市高校体育场馆共享平台技术是长春市城市发展创新体系建设中的一项基础工程。通过创新技术手段,利用计算机网络和通信系统,利用模糊进化神经网络方法,对客户需求的信息资源进行加工,向用户展现资源价值的一种信息资源系统管理平台架构。运用现代信息手段将长春市各个高校体育资源密切关联的各种场馆、设施、仪器、设备、建筑物、图书资料、体育类相关教职工数量和专业设置、业务、能力以及各项管理活动等所有人、财、物进行整合。

本研究采用了数据仓库、网络传输技术、工作流技术、AJAX 技术、B/S 和 C/S 混合实现模式、面向对象设计方法和中间件技术。另外本项目使用项目组成员提出的新算法,如模糊神经网络与贝叶斯分析相结合,使用规则抽取的数据挖掘算法、分群算法 B-Cluster、商务智能和模糊神经网络算法,或对原算法进行了改进,如在 link 问题挖掘算法中引入 Markov 链进行改进。

一、基于体育场馆资源紧密整合

高校体育场馆的数据统计与分析。长春市高校体育场馆资源根据实地走访与统计,将对收集的数据进行归类和分层,运用模糊神经网络算法方法,由于长春市场馆及设备复杂多变,有时采用一种调查和计算方法是不可取的,因此必须把几种方法结合起来,相互补充。目前长春市有 30 多所高等院校,拥有大量的体育资源。据研究人员的调查统计,长春市体育系统各类场地占城市全部场地的 22.4%,学校自有场地占 64.1%,企事业单位自有场地占 13.5%。其中高等学校拥有的体育场馆资源最大,功能也最全。长春市高校建有综合性多功能体育馆 27 座,建筑面积近 30 万平方米;标准教学体育场馆 34 座,场馆内设施、器材完备;室外各类体育场地 432 块;与社会联合兴办教学基地 16 处。据调查统计,长春市高校体育场馆资源利用率不到 25%,与我国城市体育场馆平均利用率 45% 及发达国家城市体育场馆平均利用率 95% 的差距十分明显。

体育场馆管理数据中心虚拟化。数据中心资源库是通过虚拟化手段,简化资源管理调节的操作规范,实现资源数据的信息按照使用者需要获取,以及一些空闲资源的快速利用和释放，是平台技术的核心部分。数据中心虚拟化技术包括：计算虚拟化，网络虚拟化，存储虚拟化，安全虚拟化，服务虚拟化等，在虚拟化技术系统中，明确数据中心虚拟化并不是简单将一台服务器变成多台那么简单，而在于计算系统一体化架构，改变传统刀片式服务器架构，展现出一种新颖的理念，也就是将计算能力、联网、存储器和管理都整合到一个平台上，找出一个应用程序在一个或多个统一的平台上，整体资源的利用率才能得到最好的体现。

体育场馆管理数据中心虚拟化设计目标。在建立数据中心架构后，一些数据资源即被确定，根据使用者的业务系统需求，设计方案数据挖掘算法、分群算法 B-Cluster、商务智能和模糊神经网络算法等方法相结合，使用规则抽取的数据挖掘算法实现体育资源的合理分配，能够提高体育资源的合理分配，为及时进行资源建设的决策提供更有力的参考。改进项目组成员提出的 link 问题挖掘算法，在算法中引入概率统计模型 Markov 链，给出基于 Markov 链的随机解释、时序随机解释以及转移概率矩阵解释，用于寻找体育资源的客户。将项目组成员提出的基于个体价值的顾客分群算法 B-Cluster 应用于客户分类，并实时监测客户对体育资源需求，建立数据信息查询和综合分析子系统，公示资源的各项信息，为查询者提供方便、快捷地查询资源占有、实时使用及增减变动情况，为资源使用和优化等提供信息支持。

二、体育场馆社会化共享平台技术数据中心软件设计

服务器虚拟化。数据中心服务器虚拟化可以使数据应用仅仅根据自己所需的计算资源占用要求来对 CPU、内存和应用资源等实现自由调度，无须考虑该应用所在的物理关联和位置。当前服务器虚拟化解决方案是应用 VMWARE 和微软 VirtualServer 软件，在主机、操作系统的角色外，网络将是一个更为至关重要的因素。网络将把各个自由联系成为一个整体，网络将是实现自由虚拟化的桥梁。三网一体化交换架构是将数据网、互联 CPU 和内存的计算网、互联存储的存储网实现网络连接，实现服务器的虚拟化。

虚拟架构的发展。在数据中心的虚拟架构中，使用者可以把体育资源看成是专属于他们的，而平台管理员则可在数据范围内管理和优化整个资源，通过虚拟架构可以增加效率、灵活性和响应能力来降低设备成本，提高服务水平。确立体育场馆平台管理工作规程，建立二级管理平台，满足不同层次的管理需求，涵盖资源使用、优化、统计、收益、资金等各项管理内容。实现高校体育资源管理的制度化、规范化、流程化、网络化。实现与上级主管部门之间场馆管理信息畅通，整合后的资源信息满足可控性访问服务、个性化访问服务、实时性访问服务和单点登录式访问服务共享需求。

服务器整合解决方案。根据数据挖掘目标选择确立或者提出新的高效率数据挖掘算法，使得挖掘任务速度快、计算复杂度小；发现的知识及预测的结果准确率高。为实现数据挖掘过程的并行化和分布式计算，项目组自行设计并实现了一种快速收敛、避免陷于局

部最优、并能求解多目标、多约束优化问题的新型进化算法，以及一种快速模糊规则搜索的模糊神经网络模型。将模糊加权推理法的神经网络模型应用于数据挖掘中的知识发现，所挖掘的知识，如关联规则的发现为模糊关联规则，更切合管理者的模糊推理过程。利用已经存在的数据仓库，采用商务智能算法，计算出相关关键基金参数，将计算出的参数设置到决策支持子系统中，为体育资源管理者制定相关的资源政策时提供数据支持。

利用计算机网络和通信系统，利用模糊进化神经网络方法，对客户需求的信息资源进行加工，向用户展现资源价值的一种信息资源系统管理平台架构。运用现代信息手段将长春市各个高校体育资源密切关联的各种场馆、设施、仪器、设备、建筑物、图书资料、体育类相关教职工数量和专业设置、业务、能力以及各项管理活动等所有人、财、物进行整合。初步建立分层次的高校体育场馆共享系统数据库，形成互为适应的体育场馆管理和应用服务新机制。体育资源的地域分析、时段分析、使用年龄段分析等，从而为决策者提供体育资源分配提供依据。

第四节　辽宁省高校体育场馆

随着社会的发展和人们生活水平的提高，人民群众对体育锻炼的热情越来越高，体育场馆成为人们越来越需要的锻炼场所。高校体育场馆资源社会共享是国家政策规定也是人们锻炼所需，本节从高校体育场馆资源社会共享的可行性论述出发，对辽宁省高校体育场馆资源社会共享进行 SWOT（优势、劣势、机遇、威胁）分析，为辽宁省高校体育场馆资源社会共享问题的解决提供一定借鉴。

随着十二运在辽宁的成功举办，辽宁群众的体育运动热情也得到了极大的激发，人民群众对体育场馆资源的需求越来越大，这种供需之间的矛盾成为制约辽宁省群众体育发展的一个重要方面，因此号召高校体育场馆资源社会共享是解决这一问题的有效措施。而高校由于其教育的功能，在将体育场馆资源对外开放的过程中会遇到一些问题，采用 SWOT 分析方法，系统全面分析高校体育场馆资源社会共享问题，是帮助高校全面认清这一问题的一个有效途径。

一、SWOT 分析方法简介

SWOT 分析法，即态势分析法，就是将与研究对象密切相关的各种主要内部优势、劣势和外部的机会和威胁等通过调查列举出来，并依照矩阵形式排列，然后用系统分析的思想，把各种因素相互匹配起来加以分析，从中得出一系列相应的结论，而结论通常带有一定的决策性。

运用这种方法，可以对研究对象所处的情境进行全面、系统、准确的研究，从而根据研究结果制定相应的发展战略、计划以及对策等。对高校体育场馆社会共享的SWOT分析，即对高校体育场馆社会共享的优势、劣势、外部面临的机会和威胁进行分析之后，提出未来的发展策略。

二、高校体育资源社会共享的可行性分析

将高校体育场馆资源对外开放，满足人民群众体育锻炼需求，具有现实意义上的可行性。

（一）社会迫切的现实需求

随着社会的发展和人们物质生活水平的提高，越来越多的人更加注重精神层次的放松和生活质量的提升，通过实地调研也可以发现，辽宁省经常参加体育锻炼的人口越来越多，在这样的大环境之下，高校体育资源对外开放是满足人们对体育资源迫切需求的重要途径。

（二）国家的政策规定

我国非常提倡学校体育资源的合理利用。早在1984年，中共中央发布的《关于进一步发展体育运动的通知》中就提出："要整合资源，对各级各类体育设施、场馆要合理运用，加大开放力度"。此外，《中华人民共和国体育法》《关于公共体育场馆向群众开放的通知》《全民健身条例》《全民健身计划纲要》《全国学校体育场馆向社会开放试点工作方案》《关于加强城市社区体育工作的意见》《中华人民共和国教育法》等一系列政策法规都对高校体育资源对外开放提出了政策和行政指引。

（三）高校的现实所需

1. 高校体育资源对外开放对高校有益

高校的体育资源对外开放对于高校来说也是一件名利双收的好事，能够帮助高校扩大知名度；与社区和人民群众形成良性互动；可以为学校创造经济效益，填补场馆维修保养费用；可以产生一些就业岗位，为相关人群提供就业机会。

2. 充分利用高校体育场馆资源的需要

通过对辽宁省高校场馆的调研发现，辽宁高校体育场馆资源相对来说比较丰富，非体育专用的空地也比较多，比较适合体育锻炼，具备高校对外开放的客观条件。

3. 便于专业的体育人力资源共享

高校具备专业的体育人才，不论从理论上还是在实践经验上，他们的专业性都是非常高的，将高校体育场馆资源对外开放，也便于充分发挥高校体育教师的能量，为社会体育健康发展做出了贡献。

三、运用 SWOT 法对辽宁省高校体育场馆社会共享问题进行分析

（一）高校体育场馆社会共享的优势（S）

1. 外部市场环境优势

随着人们物质生活水平的不断提高和国家对全民健身运动的推动，人们对体育锻炼的需求也越来越强烈，各种体育俱乐部、体育减肥、体育表演等越来越吸引广大人民群众参加，进而人们对专业的健身指导与舒适的健身环境的需求也越来越大。高校环境优雅，也是专业体育人才汇聚的地方，大学校园越来越成为人们青睐的健身最佳场所，因此，高校体育场馆资源社会共享具有外部市场环境优势。

2. 高校体育场馆资源优势

经调查，辽宁省高校都是按照国家标准对本校体育场馆进行规划建设，不论在使用面积还是在健身功能上都符合很高的标准，能够充分满足学校的正常教学和学生的锻炼需求，一般都能够有对外开放的资源优势，因此，高校体育场馆资源对外开放具有资源优势。

3. 高校的品牌效应与环境优势

对于社会上的人们而言，高校的印象往往是非常好的，无论在人文环境还是在校园氛围方面，都在人们心中有比较好的印象。也的确是这样，高校校园内环境优雅、安静，人员的素质也相对较高，因此，高校体育场馆资源社会共享也具有品牌效应与环境优势。

4. 专业体育人才优势

高校是高层次专业人才汇聚之地，不论是关于体育场馆对外开放经营管理方面的人才，还是体育锻炼指导等方面的专业体育人才，都是非常充足的，尤其是高校体育教师，可以满足人们在体育锻炼过程中的不同需求，同时也为这些教师服务社会、提升自身价值、创造更多经济效益提供了机会。

（二）高校体育场馆社会共享的劣势（W）

1. 相关政策还不完善

虽然国家有很多政策规定，提倡高校体育场馆资源要对外开放，实现社会共享，但是对于如何共享，一些权益、责任方面的问题还没有详细的政策支持，高校体育场馆社会共享带来的安全问题、收入分配问题等都阻碍着社会共享更深入的进行。

2. 经营管理的实践经验匮乏

虽然高校有专业的经营管理方面的人才，但是因为高校以教学和科研为主，所以这些以管理学为专业的教师或人才真正去做体育场馆对外开放的经营管理工作时，必然会存在实践经验不足的情况。而通过调查得知，在高校体育场馆对外开放中从事经营管理工作的一般是学校后勤部门人员或是体育教师兼任，这就使得经营管理方面的劣势显得更为突出。

3. 经费问题显著

虽然高校体育场馆对外开放会为高校创造一些经济上的效益，但是同样也会带来一些

经济支出，例如场馆的维护保养经费，一些劳务支出等。高校体育场馆资源对外开放在经费方面是否能够达到高校的预期，与经营管理、场馆条件等各方面都有很大关系，也是制约高校体育场馆资源社会共享的一个重要因素。

（三）高校体育场馆社会共享的机会（O）

1. 国家宏观政策支持

正如可行性分析中所述，自 1995 年以来，国家就相继出台多项政策，对学校体育馆社会共享，实现对外开放提出明确要求，鼓励学校采取多种形式将校内体育场馆对社会开放。

2. 体育消费观念不断更新

伴随着我国社会的稳定繁荣和经济的持续增长，我国居民体育消费需求全面启动，自十二运以后，辽宁省群众的体育消费观念也越来越强烈，这从体育产业的蓬勃发展即可看出，这也是高校体育场馆对外开放的良机。

3. 全民健身运动的兴起

随着人们生活品质的不断提高，全民健身运动也在不断地升温，人们越来越意识到体育锻炼对于个人体质和健康生活的重要意义，更多的人愿意花费时间和金钱投身到体育锻炼中去。

4. 群众需求强烈

经调查可知，国家和政府投资建设的公共体育场馆数量远远不能满足人民群众日益增长的体育锻炼需求，民间投资建设的场馆一般价格较高，只能吸引部分经济条件相对较好的群众，庞大的市场需求也为高校体育场馆社会共享带来了机遇。

（四）高校体育场馆社会共享的威胁（T）

1. 管理层意见分歧

高校体育场馆资源对外开放是一件负责的事情，需要高校管理层拿出意见并具体支持才能得到实施。经调查，在辽宁省高校中，管理层对体育场馆的对外开放问题非常大，双方各执一词，为开放问题带来阻碍。

2. 校内师生态度不一致

一般高校体育场馆在对外开放期间对本校师生也是收费的，而学校师生对这一问题存在疑惑。据了解，有学校教师认为不应该对本校教师收费，有学生也提出疑问，认为本校体育场馆虽然在对外开放期间也不应该对本校学生收费，这给高校体育场馆社会共享带来了障碍。

3. 安全风险显著

体育锻炼本身就存在一定的安全风险，高校体育场馆资源对外开放，在场馆内锻炼的人们的安全问题是高校不得不考虑的一个因素；另外，高校体育场馆对外开放必然会增加校外人员进入校园的数量，也增加了校外人员与校内师生发生冲突的概率，这些会最终影响高校对待开放的态度。

4. 社会场地带来的竞争压力

巨大的市场需求必然会带来资本的不断投入，体育产业的不断发展决定了民间资本投入比重不断加大，民营的羽毛球馆、健身馆、游泳馆等越来越多，服务也越来越完善，经营理念更先进，这也是高校体育场馆对外开放的一个有力竞争。

总之，高校体育场馆资源对外开放是符合我国国家政策要求的一项举措，作为开放的主体——高校，必须认清形势、解放思想、锐意进取，全面分析高校体育场馆社会共享的问题，充分发挥高校服务社会功能，实现共赢新的局面。

第四章 高校体育场馆运营研究

第一节 高校体育场馆运营现状

高校体育场馆是我国体育事业发展的重要资源，不仅可以为高校提供教学和训练，还可以满足社会大众健身的需求，同时通过合理有效地运营可以解决高校体育经费的问题。本节首先分析了目前我国高校体育场馆运营现状和存在的问题，然后提出了合理的解决对策，以供广大读者参考。

一、高校体育场馆运营现状及存在的问题

体育场馆的缺失是制约市民进行体育训练的重要因素，而我国倡导高校体育场馆向公众开放的政策。目前，我国高校体育场馆也在陆续实现自我经营，不仅解决了体育经费的问题，还满足了市民健身的要求，取得了很大成就，但是我国体育场馆在运营中还是存在很多问题，详细来说主要包括：

第一，不能处理好教学和运营之间的关系。目前，很多高校体育场馆有偿向外界开放使高校场馆的使用功能扩大，但是在一定程度上也导致高校师生课余时间减少，比如有些场馆为了向外界开放就必须在一定时间内对外出租，而这样就限制了高校内部教师和学生课余活动的开展。因为高校体育场馆的主要责任是为了高校体育教学和训练的开展，而不是单一的营利性质，所以这些场馆在闲置时候要外出租客运满足大众的要求，又不对高校内部师生造成影响，而很多高校都没有处理好教学和有偿运营之间的关系。

第二，高校体育场馆设备耗损影响大众安全。因为高校体育场馆开始对外开放，导致参加体育锻炼的人数急剧增加，而高校体育场馆后勤人员有限，并且这些后勤人员在场地管理方面也缺乏经验，所以在场地保养和设备维护中出现了很多问题，而这样就给高校师生和社会大众留下了安全隐患问题。

第三，高校体育场馆管理者的文化素质高低。目前，我国大多数高校的体育场馆管理者都是没有大学学历的，有些是没有编制的临时工，而他们的素质与高校极不融洽，很多管理者对场馆设备、器材的管理都没有相应经验，无法实现规范化操作，而这与社会管理需求有很大差距，所以目前高校体育场馆急需高水平的场地管理者。

第四，高校体育场馆的服务质量不高。服务质量的高低对大众选择有直接影响，而目前我国高校的体育场馆在质量上都不是太好，并且态度也不能令消费者满意，导致很多消费者不愿意选择高校体育场馆健身，而这对高校体育场馆发展极为不利，更不利于自己品牌的创建，甚至会影响高校留给社会大众的印象。

第五，高校管理者对消费者的管理力度不够。高校体育场馆一般都是由国家出资的公益资源，但是在设施方面需要日常保养和维护，特别是一些对场地要求极为严格的体育项目。但是很多消费者不了解场地的需求，经常做出有损场地的行为，而有关管理者也没有给予足够的重视和阻止，导致体育场馆破坏严重。

二、解决问题的对策分析

针对以上分析的高校体育场馆在运营中存在的问题，并结合我国高校实际情况，本节认为解决这些问题的对策主要包括：

第一，正确处理高校体育教学和体育场馆运营之间的关系。高校体育场馆的主要目的就是为高校师生提供健身的场所，而对外经营只是其中一部分的内容，所以在运营过程中要充分保障高校日常体育教学和训练，只能在体育场馆闲置的状态下才能对外开放。

第二，加强高校体育场馆自身的宣传。高校体育场馆要想在市场竞争中取得更大的效益，就必须加强自身的包装盒宣传，这样就需要高校体育场馆利用各种社会新闻、网络渠道来宣传自己，让社会各界了解和认识高校体育场馆的优越性和独特性，从而提升自身在当地城市的知名度。

第三，拓宽高校体育场馆的经营范围。目前，高校体育场馆在运营中大多是进行部分场地的出租，采取俱乐部项目的开发经营，而这种比较单一的运营对高校获得利益极为有限。因此高校体育场馆在运营中应该加入一些社会大众比较喜爱的项目，比如有氧呼吸、跑步机、瑜伽等内容，而高校可以利用自身的师资力量，从而能够主动吸引消费者加入；另外一方面，高校体育场馆在场的运营之外还可以开发一些连带性的产品，比如各种运动饮食、运动器材和体育服饰等。

第四，制定适合高校体育场馆发展的战略。高校体育场馆要想实现长期有效发展，就必须拥有一个适合于自身的发展战略。因此，高校体育场馆运营应该以学校体育部为主体，学校后勤集团为管理主体的模式，并且在运营过程中要加强人力资源的自主经营发展，要和外界机构加强合作发展，还可以尝试与专业的体育经营商家展开合作，采用委托管理制度，从而为高校体育场馆运用找到最为有利的发展经营模式。

第五，高校体育场馆应该加强自身管理制度的规范。目前，高校体育场馆在运营中还存在管理制度不规范的问题，所以作为一个管理机构应该加强自身的完善，首先应该拥有自己的决策权和经营权。高校体育场馆还要进行人事管理改革，从场馆长远发展角度来制定策略，招聘对体育器材和场地管理有一定经验和技能的专业人士，提高体育场馆的服务质量和服务水平。高校体育场馆决策部门还应制定短期目标、中期目标和长期目标，实行积极的激励制度，改变以往那种绩效评价体制，从而提高场馆工作人员的积极性，加强员工之间的团结协作精神，为社会大众和本校师生提供更为优质的服务。

第二节　高校体育场馆运营存在困境

随着高校建设的推进与发展，在国家和地方财政的大力支持下高校体育场馆建设得到了跨越式的发展。由于场馆在使用过程中维护和保养成本偏高，因此越来越多的高校选择对社会开放，但是在开放过程中出现了一系列的困境。通过对高校体育场馆运营过程中存在的问题进行分析，然后给予相关对策和建议。

随着人民物质文化生活水平的逐步提高和全民健身活动的推广，休闲娱乐与健身成为现代人们生活追求的一大主题。地方普通高校体育场馆是高校建设的重要硬件设施，主要承担学校公体课教学、社团和协会的课余活动组织、第三课堂教学以及学校业余运动队训练等几大功能，使用时间断集中在 9：00 ~ 16：30。如何利用学校体育场馆非使用时间段，把大众健身吸引到地方高校体育场馆，实现其市场价值，创造出一定的社会效益和经济效益已成为高校体育场馆建设和发展的一个重要问题。

一、地方高校体育场馆运营问题的原因分析

（一）地方高校体育场馆经营缺乏创新

近几年，国家和地方财政投入了大量的资金支持地方高校建设与发展，学校体育场馆成为我国体育场馆的主要组成部分。地方高校也通过不断更新教学设施设备、改进教学管理手段、创造研究绩效考核标准等大胆创新举措，提高学院办学规模和办校声誉。但是，对于处于起步阶段的体育场馆管理工作，更多的选择和参照了中小型公共体育场馆的垂直式管理体制，即由上级机关主管，场馆的岗位设置、管理制度、经营制度等由上级主管机关部门负责按照相关管理规定执行等方式，整体管理模式归结为"等""靠""要"三步，在一定程度上不能够与现行的市场机制接轨。另外，高校体育场馆管理过程中，在进行综合开发管理向社会场馆过度的过程中，很少选择主动走出校门或者说吸引社会参与，导致目前地方高校场馆运营存在一种故步自封、一成不变的状态，导致许多性活动如体育比赛、职工体育训练、场地广告赞助等方面的资源浪费巨大，无法实现资源共享，正在做到优化资源配置等业务。

（二）地方高校体育场馆管理制度存在问题

中小型社会体育场馆在对外开放过程中，由于经营管理模式和产权归属方面的问题，经常会出现所有权与经营权界限不清楚或不完全分离的现象，从而导所有权干预经营权或

经营权侵蚀所有权的问题出现，造成场馆在对外开放过程中的权、责、利不清楚的现象。地方高校体育场馆在对社会开放运营过程中同样存在这样的问题。由于主管负责人指令学院场馆要支持各系部、学院的社团活动或晚会，这样在一定程度上营销了学校体育场馆的增长经营活动。另外，由于高校体育场馆对外开放，必然导致大量社会人员进入校园，并且场地、器材的使用频率也将成倍增长。在这样的过程中，地方高校在场馆的安全保障、场地器材维护与保养等方面相对比较薄弱，场馆在管理过程中，如果不注意相关保障制度的建设，就有可能使学校体育场馆面临经营亏本、经费不足以及设备使用周期短、维护成本高等一系列问题。

（三）地方高校体育场馆管理滞后，缺乏专业体育场馆管理人才

我国大中型公共体育场馆的场馆管理工作人员，主要来自体育系统内部，包括退役运动员和不能胜任原来工作岗位的调岗人员。地方高校体育场馆管理人员主要由学校后勤人员、体育专任教师甚至是学生来监管。总体在管理工作人员、和知识结构方面存在明显的专业单一性，对休闲体育和现代体育产业发展缺乏一定的认识，缺乏一定的体育管理学与市场营销等综合学科知识。从而也导致了学校体育场馆管理和运营模式滞后，场馆经营管理不能更合理的适应市场化运作等，致使高校体育场馆对社会封闭、功能单一、使用效率低等问题的出现。

（四）地方高校体育场馆运营管理成本问题

最近几年，随着各个地方的经济发展，地方加大了对高校场馆的建设工作。加大了地方高校场馆设施设备的建设投入，大部分高校拥有了体育场馆。但是由于场馆运行成本高，设备设施维护专业性强，很多高校为控制场馆运营管理成本，仅仅发挥了高校体育场馆的教学活动功能，因此使得场馆功能较为单一、利用率偏低、向群众开放程度也不够。尤其是在体育产业飞快发展的今天，很多高校体育场馆管理体制和运营机制相对落后，缺乏有效地维修保养制度，加大了地方高校体育场馆的运营管理成本。

二、地方高校体育场馆运营的相关对策及建议

（一）健全、规范高校体育场馆管理制度，提高综合管理水平

地方高校体育场馆在起步初期，可以通过借鉴优秀的大型体育场馆管理企业的先进管理观念和经验，通过优化内部运行机制，合理完善场馆管理的人力资源结构、财务管理制度、收益分配办法、员工激励制度等途径，完善和提高学校体育场馆的综合管理水平。曾经在中体产业下属中体竞赛集团工作，根据工作期间走访、调研现代大型体育中心开始注重员工的综合服务能力的培养。企业会通过建立人力资源战略规划和培训机制，通过开展相关专业培训或讲座的形式，培养一批既懂体育运动规律又熟悉市场运作机制的场馆经营管理复合型人才。地方高校在体育场馆运营管理过程中，需要建立健全、规范体育场馆管

理制度，通过制度要求，达到体育场馆社会效益和经济效益的目的；通过制度的建立，有条理、有依据的提高场馆的综合管理水平。

（二）高校体育场馆经营内容选择以"体"为本，多元化场馆产业格局

体育场馆的经营过程中，应当紧扣本体业务，坚持以体为本的多样化经营模式。地方高校体育场馆市场化运营过程中，要充分利用和发挥行业特有的体育服务功能，借助学院社会资源，努力实现多元化经营，例如：全民健身活动、体育培训与竞赛业务、会议会展业务、无形资产等方面的开发；另外，高校在体育场馆市场开发的过程中，要运用好相关校企合作机制，包括学校与企业、行业、政府等合作举办运动会、学术交流会议汇报、专业性招聘会等，积极引入市场经济机制，形成价格、供需、风险、竞争等因素有机结合。通过有偿开放，扩大体育馆的影响力，使得高校体育场馆达到"以馆养馆"，也从本质上提升高校体育场馆的社会效益和经济效益。

（三）高校体育场馆人力资源管理专业化

人力资源管理，是指企业内部的一系列人力资源政策以及相应的管理活动。美国大型体育场馆一般引入体育经纪公司和体育管理公司两种管理模式。委托在人员培训、场馆设施设备保养、场地资源优化等方面有着丰富经验的专业体育管理公司，达到延长场馆设施的使用年限，形成体育场馆经营开发的科学经营管理流水线。目前我国高校教师编制特点和定岗定编原则，高校体育场馆社会化运营过程中，需要组织现有技术人员进修，引导管理人员先从技术岗位想经营岗位转换，调动一切有利资源，获得场馆运营的更高效益。通过加强服务意识，实现场馆管理过程中的"责""权""利"之间的关系，通过内部激励机制，调动每名管理者工作的积极性。

（四）高校体育场馆经营内容多元化，提升场馆的利用率

根据相关公司数据统计，场馆使用率在40%～60%左右，场馆能依靠设施设备获得优良的经济效益。由此可见体育场馆经营内容的多元化，是提升场馆使用率和利用率的重要途径与方法。地方高校体育场馆与单纯社会性体育场馆有所不同，不同点主要体现在通过教学活动或学校文娱活动，体育场馆的使用率较高，但是基本创收数额很低。因此，地方高校体育场馆应结合地方经济特色和人文特点，注重课余时间对场馆的开发与利用。有条件的高校体育场馆承办和组织当地体育、文艺演出活动；利用节假日或寒暑假期间，开发体育场馆的社会培训业务；利用学校和社会资源、市场场馆室内外场地的无形资产开放等综合业务，从而提高体育场馆的使用率，获得较大的经济效益。

（五）高校体育场馆运营管理与社会体育活动相结合

随着中国各种体育俱乐部的成长，体育赛事越来越趋势职业化，社区体育、群众体育也得到了飞速发展，出现了越来越多的青少年训练营、夏（冬）令营及以体育活动为主题的海外交流等活动。高校体育场馆在运营管理过程中，在学校时间允许的前提下，应结合

市场需求，借用教育机构管理平台，积极拓宽社会服务渠道，通过高校体育场馆将自身拥有技术力量和较完备的教学设备，做到学校体育与社会体育的有效结合，在发展学校周边社会群众体育的同时，获取良好的社会效益和经济效益。

第三节　我国高校体育场馆运营

本节通过文献资料法、逻辑分析法，研究了当前我国高校体育场馆在管理、运营方面的诸多困境。研究结果：目前我国高校体育场馆资源较为丰富，但普遍存在经营状况不佳的情况。究其原因主要是这些体育场馆过于依赖学校、政府的拨款来运营，本身缺少场馆市场化运营的意识和相关的政策支持。文章从多方面分析、并找出解决问题的方法，以期提高体育场馆利用率，改善经营方式，提升高校体育场馆的自我运营能力。

一、当前我国高校体育场馆主要运营模式

高校体育场馆是指我国各级高校下辖的满足学生体育教学、健身需求的活动场所的总称。它主要包括田径地下跑道、田径棚、体育馆、运动场及其他各类场地。

当前我国国内高校下辖的体育场馆主要由学校投资兴建，所有权、使用权归学校所有，在管理上主要有高校场馆管理处、后勤集团、体育学院负责三种模式。这三种管理模式虽然手段存在一定的差异，但主体思路是场馆为教学服务，这直接导致场馆功能只能满足竞技运动教学的需要，不能满足新的《全国普通高校体育课程体系指导纲要》提出的构建大课程结构设置的需要，更不能满足日益开放的、社会化的高等学校体育领域整体的需要。受制于当前我国高校管理模式的制约，很多高校没有意识到所属体育场馆所蕴含的巨大市场价值，或是缺少上级主管部门的明确政策指令，在体育场馆市场化的道路上畏首畏尾、裹足不前，导致巨大的体育场馆资源的浪费。

二、高校体育场馆经营与管理的对策

（一）拓宽投资渠道，改善场馆硬件条件

我国目前体育场地设施赶不上人口发展的速度，赶不上城市建设的步伐，更赶不上居民日益增长的体育需求，其严重情况已经引起社会的广泛关注。在进入市场经济时代后，开发商在房地产开发过程中，为了实现经济利益的最大化，忽视社区体育场地设施建设的问题普遍存在，有的则无视城市建设规划要求，有的私自占用预留给体育场馆的土地，使得本已少得可怜的人均健身产地面积日益缩减，居民正常的、有组织的文体活动得不到满足。人口的急剧增加引起空间狭窄化，经济迅速增长但无力顾及社会发展是造成我国体育场地设施不足且大量流失的根本原因。现阶段在人口增长和体育场地严重匮乏这一矛盾短

期内不能得到有效解决的前提下，充分利用城市，特别是大城市相对富集的高校体育场地资源高，将其逐步向社会开放，满足大众的健身要求，可以说是一个必由之路。高校体育场馆要想走向社会，实现更好为教学、大众健身服务的目的，必须努力改善其硬件条件，在规模、质量上上档次。当前我国绝大部分高校的体育场馆是为了体育教学而兴建的，这就导致场馆设施、功能单一，不能满足学生、群众日益丰富、多样的体育健身、休闲的需求。基于这一情况，高校在积极争取政府财政支持的同时，也要吸引社会资金的投入。

（二）场馆功能多样化

高校体育场馆的建设，应正确把握新时期高校体育功能的多元特征，并以特定的地域、院校具体情况为依据，坚持把学校体育教学所需环境与竞技运动环境融合，与现代健身、休闲、娱乐环境以及校园文化景观有机结合。在具体操作上，应采取符合学校所在地城市的市情，各院校特点和本土文化以及适当超前的规划。体育场馆的建设还要突出时代性，把当前一些时尚的元素融合进体育场馆的建设中。如当前青年人喜欢攀岩、极限等具有较高刺激性、挑战性的新型运动方式，我们在场馆建设中加入这些运动的场地、设备，不但可以更好地满足青年人的运动需求，也可以提高场馆的创收力度。在边疆、民族地区，我们可以把当地民族的特色体育项目加入场馆的经营中，这样既可以利用高校的体育资源保存、弘扬民族传统体育文化，又可以扩大经营项目。如在蒙古族聚居的内蒙古地区，高校可以在体育场馆配备专业的教师开设摔跤、射箭课程，吸引更多的蒙古族体育爱好者走进场馆，体验久违的民族体育文化。

（三）企业化的运作模式

体育场馆作为一个大型的基础设施，具有投入大、回报期长、维护和管理的成本高的特点，加上场馆每年的折旧，很多高校的体育场馆的运营已经成为学校财政的沉重负担，能够打到已馆养馆、营利的少之又少。为了弥补资金缺口，体育场馆可以利用寒暑假的空隙，实现场馆的满负荷运营。如体育场馆作为大型的场所可以对外开放，通过举办大型的文体活动、车展来实现场馆的自我创收。为了实现这一目标，学校要组织相应场馆对外联络办公室，负责对外业务的洽谈、场馆的宣传、活动的保障等一系列工作。随着我国全民健身意识的增强、人们家庭收入的增长、市场经济的活跃，体育场馆必定会成为公众消费的一个重要场所。

（四）强化服务意识

当我们把高校的场馆作为一种稀缺的体育资源投入到市场中进行运营时，其目的就是实现社会效益和经济效益的双丰收，从而达到资源的合理配置。体育场馆能否达到这一目的，关键在于体育场馆管理者服务意识、服务质量的高低。它既包括对于场地、器械的维护，也包括对馆内运动人员的监管、服务，其中后者对场馆的社会化发展格外重要。

三、结论与建议

（一）结论

体育在完成体育教学的同时，还应以开放的积极的态度面向社会，促进体育场馆的产业化和一定的商业化达到自给自足；其次，还应承担起向社会普及全民健身、终身健身的思想的责任来，这也有利于在校学生接触社会，积累社会经验。

（二）建议

第一，高校体育场馆管理主体应多元化。要实现管理主体多元化必须摈弃过去由学校统一包办所有体育事业的旧形式，重新构建由国家、人民、社会团体等多方力量合力举办体育事业的新局面，这一改革避免了由单一主体管理带来的弊端。

第二，提高高校体育资源的利用率和社会化。我国高校体改的一个基本方向是实现体育资源的最大利用率。这就要求改革以往的运营管理模式，彻底打破高校在分配和利用体育资源上存在的封闭性，真正实现全民共享社会体育资源的蓝图。

第三，推动体育活动的产业化与市场化。在社会主义市场经济的影响下，高校的体育管理职能应该被重新界定，把一部分权力外放出去。促进高校体育场馆的市场化，这一做法会从根本上打破学校统揽一切大学体育事业的局面，也有利于我国高校体育场馆运营体制的多元化。

第四节　美国高校体育场馆运营

对美国高校体育场馆的发展进行了分析，发现美国高校体育场馆有如下特点：规划设计合理、产权归属明确、运营模式多样、商业化程度高、赛事资源丰富。对我国高校体育场馆运营的启示：高校体育场馆与城市公共体育场馆可以共建共用；引入专业场馆运营公司，实行委托运营；依托高校体育场馆，丰富高校赛事活动内容；提供多元场馆服务，拓展收入来源渠道。

美国以学校为中心发展竞技体育，大学竞技体育的发展甚至早于职业体育，并成为美国职业体育发展的基础。美国高校校园内功能齐全、数量众多的体育场馆，是保障运动员进行日常训练、取得优异运动成绩的物质基础，也是美国高校体育成功发展的源头所在。学习借鉴美国大学体育场馆运营成功的相关经验，对我国高校体育场馆的建设、高校体育的发展、竞技体育水平的提高有着重要意义。

一、美国高校体育场馆运营的基本情况

美国高校体育场馆建设运营的历史已久，从场馆的前期规划到后期运营都形成了一套成熟完整的体系。20 世纪初，哈佛大学就已建成拥有 35 000 座位的橄榄球场，这座斥资 32 万美元的球场至今还保存完好，并被收录于美国国家遗产名录；NCAA 篮球传统强队北卡罗来纳大学在 1913 年建立的篮球馆可容纳 8 000 名观众；耶鲁大学和普林斯顿大学随后也建立了体育场馆。第一次世界大战后，美国高校掀起了建设体育场馆的热潮，很多高校的首座体育场馆都建成于这一时期；从 20 世纪 60 年代初期开始，美国高校投入巨资进行体育场馆建设，这一热潮一直延续至今：佛罗里达大西洋大学、北德克萨斯州大学、里士满大学分别于 2011 年新建体育场馆；杜兰大学、贝勒大学于 2014 年新建数所体育场馆；威斯康星大学绿湾分校 2017 年 1 月新建综合足球场；大峡谷大学计划在 2018 年前建成 10 座体育场。目前美国高校体育场馆运营的基本情况如下。

（一）规划选址

1. 地理位置

美国高校体育场馆并不限于建造在校园范围之内，既可建设在学校周边政府规划的免费公共用地之上，也可与相邻高校合作，共同建设体育场馆。如科罗拉多州立大学的休斯体育场位于距离校园 3 英里的柯林斯堡郊区地带。数据显示，70% 以上的美国高校篮球场馆、冰球场馆同时由数所高校共同使用。美国高校多数位于城市郊区，高校场馆的建设根据学校的地理位置纳入城市的总体规划。

2. 功能选择

体育场馆运营的成功取决于场馆运营团队对场馆各项功能的控制能力（如整体运行、市场营销、门票出售等）和平衡多种冲突（如时间、空间、资金来源、雇员、股东要求、社会期望）的能力。在此基础上，高校体育场馆不仅被用于举办高校赛事，而且同样可以吸引高水平的学生运动员、提高赞助商的品牌和产品曝光率、获得各项捐赠，最终为高校带来可观的财政收益。体育场馆不受天气情况影响，使场馆不仅可以用于举办篮球、冰球、棒球等核心赛事，更可被广泛用于举办室内田径、摔跤、体操、音乐会、商贸洽谈会、毕业典礼等赛事与活动，为场馆带来了诸多如门票销售、场地空间出租、广告投放、豪华包厢出售、食品饮料销售等营利渠道。此外，美国高校体育场馆还根据本校运动队的优势项目以及学校所在地区民众的体育项目喜好、学校招生人数等因素来进行场馆建造类型的选择，如培养出飞人乔丹、文斯卡特等 NBA 巨星的北卡罗来纳大学，早在 20 世纪初就建成了八千人篮球馆；向 NCAA 输送 80% 人才的美国冰球联盟 USHL（United States Hockey League）和北美冰球联盟 NAHL（North American Hockey League）都位于美国中东部地区，该地区冰球项目极受民众欢迎，位于该地区的高校纷纷建设了数量众多的冰球馆。考虑到部分体育项目参与者的互动交流需求，多数高校体育场馆设立了供社交活动使用的公共区

域，如长椅、餐厅、休息室等，为球队、俱乐部、社团、班级以及其他团体提供交流场所。

（二）融资模式

融资是高校建设体育场馆时必须面对的首要问题，特别是建设大型体育场馆所需资金数额巨大，高校需要通过多种渠道完成融资。目前美国高校体育场馆建设的融资方式众多，主要可分为公有资本融资、私有资本融资和公私联合融资，每种融资模式下又包含众多不同的具体形式。

1. 政府财政拨款

政府财政拨款是指政府对高校体育的直接资助，通常以拨款的形式投入于高校体育发展中。除了来自联邦政府的拨款融资外，还出现了由市政部门设立的补助金，与项目资格相符合的高校都有机会获得补助金以完成体育场馆的融资。政府拨款目前是美国高校体育场馆建设融资主要来源之一。

2. 学校拨款

对于公立院校，学校拨款主要指学校对校体育部门的直接拨款；对于私立院校，则由学校董事会提供资金。但是目前仅靠高校和政府进行公有资本融资，难以维持建设大型体育场馆的巨额开销。2008 年，罗格斯大学规划新建一座橄榄球馆，前期计划融资 1.02 亿美元，但学校通过公有资本仅筹得 7200 美元，又通过私人募捐获得 200 万，最终还存在 2800 万美元的资金缺口。公有资本呈现出难以独立维持高校体育场馆建设的局面。

3. 债券发行

在政府、学校拨款等公有资本融资困难的情况下，高校纷纷拓宽融资渠道，寻求外部力量支持。高校通过发行债券的形式，以自身信用为担保，向社会群体或民间风险投资机构寻求融资，成为高校体育场馆建设重要的资金来源之一。华盛顿大学西雅图分校在建设该校因纽特人体育馆时共融得资金 250 万美元，其中债券发行共计 113 万美元；加州大学欧文分校修建的竞技运动中心和体育活动中心由该校学生联合会发起融资，以该校学生在数年内连续发行债券的形式集资修建；科罗拉多州立大学为体育场馆融资发行的债券在 90 分钟内销售一空。

4. 公私联合融资

由于建设体育场馆投入资本金额巨大，目前出现了突破政府、学校拨款、发行债券等传统融资模式，利用金融创新产品的新型市场化多元融资模式。包括 PPP（Public-Private Partnership）、BOT（Build-Operate-Transfer）、BOO（build-owning-operation）等在内的多方主体参与场馆建设运营的公私联合融资模式，此类融资模式目前成为美国高校体育场馆主要融资来源之一。2006 年，明尼苏达大学融资 248 万美元新建体育场馆，55% 的资金来源于政府拨款，其余资金则来自冠名权出售、私人捐赠以及学生费用。高校倾向于同企业合作以获取资金，而企业同样愿意将自身品牌通过高校体育场馆为平台进行宣传，提高知名度。科罗拉多州立大学与科林斯堡市政府签订 IGA 协议（Intergovernmental Agreement），双方共同出资建设运营 26 种项目，其中三项处于建设之中，三项处于设计阶段。公私联合融资使高校体育场馆在一定程度上减轻了对政府和学校拨款的依赖，吸引多样的投资主体，使融资来源多样化，很大程度上促进了高校体育场馆的发展。

5. 运营收入

运营收入包括赛事收益和场馆使用费的收取。高校举行各项体育赛事的收入十分可观，该笔资金又被广泛用于体育场馆的建设与维护中；高校还通过对外开放现有的体育场馆，向使用者收取一定的费用，这笔费用也被投入于体育场馆建设运营融资中。

6. 校内捐助

该种融资来源通常以校友募捐和校园捐助的形式出现。高校充分利用强大的校友资源寻求募捐，美国大学对校友传承十分重视，成功的校友经常以资金捐赠的形式回馈母校。现役 NBA 球员多数出身于 NCAA 联赛，他们在 NBA 名利双收后往往会进行巨额捐赠来支持母校体育事业的发展。2014 年，股神巴菲特为自己的母校内布拉斯加大学林肯分校捐赠 250 万美元，专门用于新建体育场馆；阿肯色大学在 2015 年用来建设修复体育场馆基础设施的 500 万美元资金则全部来自校友捐赠。美国高校校园内的捐助也成为融资的来源之一。科罗拉多州立大学体育场馆资金来源于投资方和捐赠者，但不限于学校拨款、政府资金和债券发行，该校同时开放了网上在线捐赠以及捐赠热线，鼓励对体育场馆进行校园捐赠和个人捐赠。

7. 学生杂费

除上述众多融资方式外，美国高校还以体育场馆、图书馆、实验室的使用费为名向学生收取杂费，部分杂费被投入于体育场馆的融资中。

（三）运营模式

Bankhead 于 1975 年发表的《美国高校体育场馆管理政策与运营》，对 52 所美国高校体育场馆的管理政策和程序进行论述，指出多数高校体育场馆采用由学校体育部门运营和由学校经济管理部门运营的模式。经过 42 年的发展，原有运营模式发生了巨大变化，伴随着美国高度发达的市场经济，高校体育场馆出现了作为附属企业运营和由私人管理公司运营等新兴运行模式。2011 年，Mauro Palmero、Ming Li 等在 Bankhead 的研究基础上和国际场馆经理人协会（International Association of venue Managers，IAVM）的支持下，对 330 名 NCAA division I 级联盟体育部主任进行调查，通过对调查结果的分析，总结出目前美国高校体育场馆的运营模式主要为以下 5 种。

1. 学校自主运营

高校体育场馆由高校自主运营的模式，又可细分为由学校体育部门运营和由学校其他部门（如经济管理部门、场馆运营部门等）运营两种模式。在该种运营模式下，相关部门完全掌握场馆的运营、管理与决策权，并对场馆完全负责。该模式目前为美国高校体育场馆普遍采用的运营模式。

2.作为附属企业运营

高校体育场馆作为附属企业运营，具体指将体育场馆作为学校的一个独立部分，由场馆工作人员负责管理与运行，在财政方面同样自给自足、自负盈亏，独立于学校机构与制度之外。

3.私人管理公司运营

该模式可分为场馆整体外包和场馆部分（服务）外包两种形式，具体指高校委托专业体育场馆运营管理公司（如 Comcast Spectator、Global Spectrum、SMG，AEG 等）对场馆进行代理经营，体育场馆的产权归学校所有，体育场馆运营管理公司通过提供具体专业服务来获取薪酬或与学校共享场馆收益。例如，康涅狄格州大学与美国著名体育娱乐管理公司 AEG 合作运营该校体育场馆，并与该公司签订协议：康州大学场馆超额门票收入的30%归 AEG 公司所有。具体有以下2种形式:（1）场馆整体外包，指场馆所有权归高校所有，将体育场馆的运营整体交于场馆管理公司，公司通过对场馆管理人员进行培训、对场馆设施进行维护、整合赛事资源，最大限度地发掘场馆的使用率与经济效益。（2）场馆部分（服务）外包，指的是高校以分层委托的形式将体育场馆部分服务委托给场馆运营管理公司，如为体育场馆提供管理和金融服务、场馆预定和时间安排、场馆安保、特许经营权、预算分析、市场营销和销售、场馆工程管理运营、场馆赞助、门票销售以及辅助服务等。该模式目前被广泛用于职业体育中，在高校体育中占比相对较小。

4.政府运营

高校体育场馆由政府运营，具体指当地（市、郡或州）政府对场馆进行运营，或以租赁者身份通过与高校体育部门协商，对体育场馆进行使用。科罗拉多州立大学与科林斯堡市合作成立了 Stadium Advisory Group（SAG），与政府签订共同运营协议，定期举办会议讨论协商该校场馆运营相关问题。此外还成立了 Game Day Experience（GDE），该部门在比赛日前制定多元计划，确保体育场馆成功举办赛事，与私人管理公司运营高校体育场馆情况相同，政府运营模式的运用也相对较少。

5.其他运营模式

除上述使用率相对较高的运营模式外，美国部分高校体育场馆还采用由场馆所有者（owner）运营、由主要承租人（primary tenant）运营、由非营利组织运营等运营模式。

（四）收入来源

在成熟的、高度商业化的运作模式下，美国高校体育场馆的收入来源众多，主要集中在以下方面:

1.赛事运营收入

美国大学体育赛事资源丰富，其中 NCAA 下辖26个运动项目，包含了近50万学生运动员、超过19 500支运动队伍，每年要进行54000场比赛。数量众多的赛事使高校体育场馆使用率极高，为高校带来源源不断的赛事运营收入。除了丰富的大学赛事外，美国社会的体育氛围浓厚，民众参与体育运动的意愿强烈，部分高校体育场馆同时运营周边社区、职业队伍以及中小学等校外各项赛事。如南加州大学的纪念体育场同时承接美国橄榄球联盟 NFL 洛杉矶袭击者队和美国棒球联盟 MLB 洛杉矶道奇队的主场比赛。数量众多的校内外赛事运营收入已成为美国高校体育场馆收入的主要来源之一。

2. 媒体转播收入

美国高校体育场馆另一个主要收入来源为媒体转播。早在 20 世纪 50 年代，NCAA 就与电视台合作，转播体育赛事，并从中获利。美国大学生赛事的收视率极高，电视媒体十分看重其转播权。2003 年，美国哥伦比亚广播公司 CBS 与 NCAA 签署了长达 11 年、价值 60 亿美元的合约，垄断了 NCAA 赛事的电视转播权。转播合同的金额也在不断提升，2004 年，NCAA 橄榄球决赛的转播费已高达 3 000 万美元。根据 NCAA 年度报告显示，2016 年 NCAA 总收入为 9.9 亿美元，其中电视转播收入为 7.9 亿美元。2012 年起，高校赛事转播权出售金额增长迅速，NCAA 帕克 12 联盟在 2012 年签署的转播合同，使该联盟中所有成员学校平均每年收益达到 20 万美元；大西联盟 12 所成员院校每年可从转播权出售中获利 18 万美元。高校出售赛事的转播权，电视媒体根据队伍综合实力和区域范围为所转播比赛的参赛队支付出场费，高校体育场馆从媒体转播中获取收入占比重越来越大。

3. 场馆冠名收入

场馆冠名权属于体育场馆无形资产开发范畴，出售场馆冠名权也是体育场馆重要的收入来源之一。早在 1973 年，纽约大学首开出售场馆冠名权的先河——开价 150 万美元，将其体育馆冠名权出售给瑞奇公司 25 年；华盛顿大学橄榄球馆则由丰田公司冠名；2013 年，加州大学伯克利分校将该校纪念体育馆的橄榄球馆命名为"加利福尼亚纪念体育馆 kabam 运动场"，kabam 为美国大型社交游戏开发公司，该公司以 1 800 万美元的价格获得纪念体育场 15 年的冠名权。因冠名年限不同，美国高校体育场馆的冠名费也不尽相同，赞助费排名前十位的费用跨度在 1500 万美元到 4 000 万美元之间，赞助年限从 15 年到 30 年不等。

4. 门票收入

门票销售为体育场馆带来了丰厚的收入。高校可根据运动队的竞技成绩与上座率自行制定门票价格，而美国大学每年举办各类体育赛事数量众多，球迷对大学生赛事的热情不减，仅 NCAA 每年各项目合计进行 54 000 场比赛，篮球、橄榄球等热门项目，每年售出门票总数和票价甚至高于 NBA、NFL 等职业联赛。在 division-1 级别的比赛中，平均每场实际上座率超过 15000 人，决赛场次现场观众人数维持在 7 万人以上，全美现场观看赛事人数之最则来自 2003 年 NCAA 橄榄球争霸赛——超过 78000 名球迷现场观战。票价方面，2003 年 NCAA 四强赛票价为 224 美元，四年后增长至 310 美元，2011 年决赛场次的票价由 279 美元炒到了 36786 美元，2017 年的决赛在凤凰城举办，平均票价达到 838 美元，前排观众席票价竟开出了令人咋舌的 3.7 万美元，但即使如此依然出现了一票难求的火爆局面。

5. 场馆出租收入

体育场馆有形资产开发的渠道之一是场馆的出租。美国高校体育场馆数量众多且规模庞大，高校通过对场馆进行不同形式的出租来获取利润。场馆的主馆通常被租赁给职业运动队、体育俱乐部、社区或中小学等不同对象，用于举办各类体育赛事，或出租给公司企业举办短期的音乐会、不同类型的展览活动、各种典礼等；对于场馆的外部区域，场馆经营者通常会将该区域出租给超市、餐厅、银行、宾馆、健身机构和体育培训公司等不同商家，形成大型的体育综合体；此外，美国大学体育场馆往往为了学校形象、吸引观众以及引进优秀的高中生球员而不断更新场馆设施，配备有现代化的大屏幕、分数记录器、3D 效果的天空盒，修建 VIP 席位，配备豪华包厢和顶级视听娱乐设施，通过出租视听设备、天空盒等设施来获取收益；停车位也成为收益的渠道之一，场馆通过短时停车和长时停车两种形式收取停车费，该收入较为稳定。

6. 特许经营收入

美国高校体育场馆还通过销售特许经营商品的方式来获取收益。有时特许商品销售与场馆的赞助与冠名相挂钩，每当场馆举办体育赛事，场馆运营者会在场馆专门区域设置特许商品销售点，供获得特许商品经营权的商家对球迷出售产品。美国极其注重产权的保护，以 NCAA 为例，NCAA 将其名称、标志全部注册为商标，并开发出各种纪念鞋服、玩偶、生活用品等各类衍生商品，只有获得授权的经销商方可在场馆的特许商品商店中进行售卖，这些特许商品收入的一部分也归高校场馆运营者所有。

7. 企业赞助收入

美国大学体育赛事社会关注度极高，各大企业抓住这一机会不留余力地争夺大学赞助市场，力求通过这一平台提升企业知名度、树立品牌形象、提升企业收入。大学体育场馆则充分利用场馆空间，与赞助商签订协议，在场地、门票、旗帜、吉祥物、海报甚至球衣等载体上投放广告，获取企业赞助和广告收益。目前美国高校体育场馆通常与数十家公司形成赞助合作关系，例如，德克萨斯州大学与包括 UPS 公司、low's 公司、可口可乐公司、AT&T 公司、必胜客、美国西南航空在内的 16 家企业签订赞助协议；杜克大学著名的 cameron 篮球馆则与三十家公司展开合作。

8. 校友、校园捐赠

美国民众普遍热衷于参与体育赛事，特别是对于大学体育有着特殊的情感，大学体育赛事有众多"铁杆球迷"，其中毕业校友占大多数，对母校球队有着极高的重视度。高校又为 NBA、NFL、MLB 和国家队输送了大批体育明星，这些著名球员成名后往往不留余力地出资回馈母校；此外，除了体育明星外，高校校友人群还包括诺贝尔奖获得者、成功企业家、著名记者、总统、法官、国会议员等成功人士，他们对母校捐赠的巨额资金部分成为体育场馆的收益来源；高校在校学生发起的校园捐助和各种形式的网上募捐也成为高校体育场馆重要的资金来源之一。

（五）支出去向

1. 场馆维护与更新

大型体育场馆造价不菲，与此同时投入的维护费用也与其成正比。每年举办的数量众多的体育赛事和各种活动势必会对场馆各部分造成不同程度的损耗，美国高校每年在体育场馆维护上投入的费用是主要的支出之一，亚拉巴马大学将其 2012 年度体育收入的绝大部分都用于体育场馆的建设上；第二年又投入 900 万美元新建室内橄榄球场、训练房和符合奥运会标准的举重设备。其他美国高校也对体育场馆进行了不同程度的维护与更新。此外，美国高校平均投入 10 万到 75 万美元用于包括购买软件许可权、软件安装、布局和运行后期维护在内的场馆现成软件。

2. 报酬支出

报酬方面的支出主要分两种，第一是体育场馆运营团队的基本工资和额外奖金，而且不论场馆营利与否，最终都必须为运营团队提供至少百万美元的基本酬劳；此外，场馆招聘在校学生担任接待、救生员、安保、器材维护、辅导训练等兼职，也需支付这一群体的兼职费用。第二是运动队教练员工资，往往以年薪的形式由场馆运营方从年度总收入中支出。美国高校教练员的收入普遍较高，一度被称为"美国最牛公务员"，年薪超百万的现象不在少数。以 NCAA 男子篮球教练员的工资为例，排名前三位的分别是杜克大学的老 K 教练——年薪 970 万美元；路易斯维尔大学的皮诺帝——年薪 575 万美元；肯塔基大学的卡利帕里——年薪 550 万美元。可见，教练员的年薪成为美国高校体育场馆支出的主要去向之一。

3. 运动队支出

美国高校运动队每年要参加数量较多的比赛，面临着住宿、交通、装备、饮食等各方面的支出，需投入大量资金做好后勤工作，也需要场馆管理部门参与其中，给予人力、财力、物力的支持。

二、美国高校体育场馆的运营特点

美国高校体育场馆的选址规划、融资、产权划分、责任归属、产权保护等，都有着强大的制度保障，降低了场馆运营的风险。通过分析美国高校体育场馆的发展历程和运营基本情况，总结出美国高校体育场馆运营的成功经验。

（一）规划设计合理

1. 合理的选址规划

由于美国高校体育场馆在前期进行了合理的位置规划，因此使场馆的各项功能可以达到最大限度地发挥。场馆依附学校所处位置多数建在郊区，例如，坐落于科林斯堡市郊的科罗拉多州立大学休斯体育场，避免了因举办大型赛事而产生的交通堵塞，最大限度地避免了在人口密集的城区发生恐怖袭击等突发事件，同时相对低廉的地租也降低了建设体育场馆所需成本；在郊区建造场馆、举办赛事，成功地将城市功能和空间有效转移，在郊区形成新的商业、文体中心，平衡城市发展；场馆建设于学校周边，防止场馆频繁承接校内外体育赛事和文艺活动对教学活动产生干扰；相邻高校共享场馆，最大限度地实现了场馆的利用率，减轻了高校所承担的场馆运营管理与维护费用。建于政府公共用地上的场馆发挥了公益性特点，使高校与地方政府共用场馆，通过承接社区体育活动和企业政府活动，避免了场馆重复建设的同时最大限度地使国民受益。

2.多样的功能选择

美国高校体育场馆功能齐全且设计灵活，普遍包括体操馆、游泳池、各类健身设备、手球和短柄墙球馆、软式墙网球场、运动俱乐部、室内攀岩以及垒球场、夺旗橄榄球场、足球场、长曲棍球场、篮球场、排球场、英式橄榄球场在内的室外场地，为学生和教工参与体育运动提供了广泛的选择空间。另外，现代化的高校体育休闲中心更包括了衣帽间、桑拿房、蒸汽房，并提供食品供应、休息室和学习区域。高校体育场馆多样化的功能为在校师生缓解了学业和工作压力、提高了他们学习和工作的效率与创造力，在师生中广受欢迎。此外，高校不但根据所在地民众的体育项目喜好有针对性地建造场馆，更实现了一块场地可承接不同运动项目的功能，如橄榄球场可举办足球、田径、棒球等项目的赛事。不断拓展场馆的功能，融合体育赛事、餐饮、购物、休闲娱乐等项目为一体，开发形成全新的体育综合体。

（二）产权归属明确

美国高校体育场馆产权归属明确，高校作为体育场馆所有权的拥有者，有利于场馆所有权与经营权的有效分离；高校为了获得场馆收益会积极制订合理的运营方式，有利于高校体育场馆运营商业化水平的提升；同时为委托经营等模式奠定了运行基础，在签订委托经营和场馆冠名等合约时，会择优签订合约期限较长的合同。明确的产权归属使高校体育场运营者拥有对场馆的绝对管理权，实现高效运行。

（三）商业化程度较高

美国拥有高度发达的市场经济，直接推动了体育产业的发展，为体育场馆提供了极佳的运营环境。美国高校体育场馆依附于高校体育赛事，采取多样化的商业运营模式，通过场馆冠名、场馆广告与场地出租等方式积极开展企业赞助；与媒体合作，出售赛事转播权；寻求产权保护，通过对标识、旗帜、名称注册专利，开发出衍生商品的特许经营权。NCAA的商业价值在2012年已位居全球十大最具经济价值体育赛事的第六位，特许商品出售年收益高达3亿美元。此外，强大的商业价值也带动了地区经济发展。俄克拉荷马大学与克莱姆森大学进行的2004年度糖碗杯比赛，在当年为举办地新奥尔良市带来了大批观赛者，带动了宾馆、酒吧、餐厅的消费，最终使赛事举办地获得了2.5亿美元的收入。高校体育场馆与高校体育赛事紧密合作，不断提升商业价值，为场馆的运营和赛事的发展提供了强大的经济保障。

（四）稳定的观众来源

美国社会重视体育文化，民众对体育的重视体现在亲身参与体育运动以及观看体育比赛上，个别大学体育赛事的受关注度、影响力和上座率甚至高于职业联赛。近些年，大学女子运动项目的受关注程度也在不断提升。每逢赛事，体育场馆的上座率以及一路走高的电视转播收视率、特许商品不断增长的销量，无不体现出美国社会重视体育的价值理念以及民众的体育热情，并且促进了大学体育赛事的发展，突出了高校体育场馆的功能。美国大学重视体育发展，认为大学体育是大学教育不可缺少的重要部分。在这种理念的指导下，美国高校举办的各类体育活动与赛事丰富多样，师生对体育赛事参与、观看体育赛事充满热情，特别是对于本校的运动队，每当比赛来临，师生纷纷涌向体育场观看本校球队比赛。已毕业的校友和学校周边居民也是主要的观众来源，大学体育赛事对已毕业的校友来说是学生时代珍贵的回忆，通过观看母校比赛追忆青春岁月，他们往往也会带领家人、朋友共同观赏比赛，带来了新的观众群体。民众对大学赛事的关注度丝毫不亚于职业联赛，大学赛事稳定的观众人群保障了体育场馆的上座率与门票收益，是高校体育场馆运营成功必不可少的部分。

（五）收益反哺学校

美国以学校为中心的竞技体育培养模式，兼顾了体育人才的体育训练和文化课学习，奥运选手与职业球员也都出自高校，接受了完整的大学教育。高校作为培养竞技体育人才的最后阶段，更是将体教结合的理念发挥到极致，部分高校甚至将重视体育的理念写入校训。美国高校对体育的高度重视，推动了高校体育赛事的发展，更是高校体育场馆建设、运营与发展的原动力。美国高校体育场馆通过举办丰富多样的赛事，取得了可观的收入。功能完善的体育场馆是举办各类赛事的基本载体，赛事与场馆之间相辅相成；而体育是美国高校教育的重要组成部分，体育场馆每年可观的收入又反哺学校的教育投入。当高校体育场馆实现创收时，往往会以支持体育部门运营，设立奖学金，减少体育部门对拨款、补贴的依赖等形式反哺学校。路易斯安纳大学连续数年收到了该校体育部门支援学校教育事业发展的捐款，高达9200万美元的捐款用于修缮学校教室以及整修校园道路。美国体育与教育的完美结合，保障了高校体育场馆的升级更新和高校体育竞技水平的发展，更促进了学校教学环境优化、教育水平的提升。

三、对我国高校体育场馆运营的启示

高效成熟的运营模式使美国高校体育场馆与美国大学体育赛事相互支持，为体育场馆创造收益的同时，促进了美国高校体育赛事的发展。在成功运营的背后，离不开美国竞技体育培养体制、大学体育教育理念、民众体育观念等制度与理论的强有力支撑。虽然我国与美国在国情、竞技体育体制、培养模式、高校体育发展情况、体育场馆运营现状上有着较大差异，但是分析探究美国高校体育和体育场馆运营近一个世纪以来积累的经验，对我国高校体育场馆的运营和高校体育的发展有着一定的借鉴意义。

（一）高校体育场馆与城市公共体育场馆共建共用

我国高校目前呈现出新建新校区的发展趋势，新校区多数位于郊区。在新校区内新建体育场馆，从设计到功能选择都缺乏明确的规划，场馆功能单一且配套设施不完善，场馆功能得不到发挥，不利于场馆的持续发展；而建于老校区的体育场馆多数位于市中心，依附市区庞大的消费群体，场馆可适当开放对外运营以增加收入，但受老校区和中心城区用地紧张、寸土寸金的限制，场馆进一步开发扩建成为难题。市区拥堵的交通环境也会影响高校体育场馆承办体育赛事；高校往往会因校园秩序和学生安全问题而限制场馆的对外开放，阻断了场馆的商业化运作。因此，在完善前期规划与功能选择的基础上，尝试将高校体育场馆与城市体育场馆共建共用，有利于提高场馆的使用率，避免场馆重复建设。

（二）引入专业场馆运营公司，实行委托运营

引入专业场馆运营管理公司对场馆实行委托经营，目前成为美国体育场馆业发展的重要趋势之一，也是实现体育场馆运营专业化和规模化的重要途径。SMG、Global-Spectrum和 AEG 等专业运营公司在美国和世界范围内接受业主的委托，对场馆进行运营，其中包括了对高校体育场馆的运营管理。我国出台的《关于加强大型体育场馆运营管理改革创新提高公共服务水平的意见》《关于做好政府向社会力量购买公共文化服务工作的意见》等文件为我国体育场馆委托经营提供了强大的政策支持，国内专业体育场馆运营公司（如爱玛会文体产业有限公司、博威体育产业投资发展有限公司等）的出现，不但保证了大型体育赛事的需要，而且满足了人民群众的日常健身需求，取得了良好的经济效益和社会效益，在全国体育场馆领域产生了一定的影响力。在此基础上，我国高校体育场馆应不断探索借鉴，尝试引入该种运营模式，促进场馆科学、高效运营。

（三）依托高校体育场馆，丰富高校赛事活动内容

我国职业体育联赛发展虽取得了长足进步，但仅限于个别热门项目，多数项目的比赛规模、赛程安排、受关注程度依旧不容乐观，高校体育联赛的发展更是差强人意。目前我国高校体育场馆的主要用途集中于学校举办典礼、汇报讲座、文艺演出等，主要的体育用途仅限于偶尔举办体育比赛和校队训练，场馆主馆多数时间处于空闲状态，利用率偏低。部分高校体育场馆开展了健身房、体育培训等活动，但对外开放的区域仅限于场馆的副馆或外围区域。体育场馆的主要功能是举办体育赛事，以此实现营利、实现场馆的使用价值和商业价值，更可培养高校的体育氛围、拉动周边居民区民众的体育需求。以高校体育场馆为依托，发掘多样的高校赛事活动，提升对高校体育赛事的关注度，有助于提升我国高校体育场馆的使用率，在获取收益的同时带来巨大的社会效益。

（四）提供多元场馆服务，拓展收入来源渠道

相对于美国高校体育场馆丰富的赛事资源和多样化的场馆服务，我国高校体育场馆主

要用途和所提供的服务内容相对单一，体育赛事数量较少，其公益性的特点对场馆营利目的实现产生一定局限，使其创造的经济效益相对有限。在此情况下，我国高校体育场馆应结合实际情况，在满足体育课教学安排、校运动队训练和师生体育活动的基础上，利用高校场馆资源和体育人才优势，向高校师生和周边社区、群众提供健身娱乐和体育培训等多种服务，如拓展儿童、青少年、大学生群体的体育培训，依托培训和健身服务吸引流量、拉动培训业态、增加人口消费等，丰富服务内容，提升营业收入，促进我国高校体育场馆运营水平不断提升。从实际出发，根据高校师生和周边群众的运动偏好，有针对性地重点开放相关体育场馆，并制订特色服务内容。参考美国高校体育场馆运营经验，承接各类赛事，满足师生和周边群众的观赛需求，并在赛事中尝试通过提供泊车、餐食、饮料销售等服务，提升观众消费体验、拉动观众消费，进一步丰富场馆服务内容，在满足师生和周边群众参与体育锻炼和赛事观赏需求的同时，拓展高校体育场馆的收入来源渠道。

美国高校体育场馆经过近百年的运营发展，在高度发达的市场经济和重视体育价值的社会条件下形成了一套集规划、融资、运营为一体，产权归属明确、以赛事为依托、商业化程度高的成熟运作模式。通过分析美国高校体育场馆的运营，可以对我国高校体育场馆建设提供参考。

随着国务院《全民健身计划（2016—2020年）》的颁布，我国高校体育场馆的未来发展充满机遇。在国家政策的支持引导下，结合美国高校体育场馆成功运营的经验，找到适合自身现状的发展模式，使我国高校体育场馆高效、科学运营。

第五节　高校体育场馆服务外包运营

高校管理工作中，体育场馆的运营与管理是一个重要组成部分，对于体育场馆本身的发展，乃至高校的形象展示与整体规划都非常关键。现准备在高校体育场馆服务外包的背景之下，指出这种运营模式的内涵以及表现优势，并进一步说明相关表现优势的深层次原因，最后对如何纠正体育场馆服务外包运营模式中的突出问题提出相应的建议。

改革开放以来，党和国家陆续提出了一系列政策方针，以使学校体育硬件设施得到发展，如1978年教育部、卫生部等部门联合发布的《关于加强学校体、卫生工作的通知》，1995年国务院发布的《全民健身计划纲要》等，都提及了发展学校体育，在政策上保障学校体育设施建设的内容。与此同时，国家也切实将大量资金投至学校体育场地设施建设工作中来，这让我国各级各类学校尤其是高校体育设施得以迅速发展。而时至今日，大量高校体育场馆如何进行管理与运营，成为摆在新时代背景下一个值得思考的新课题。

一、高校体育场馆服务外包运营背景

在国务院《全民健身计划（2016—2020）》里面提到："要进一步盘活存量的体育场馆资源，做好已建成的全民健身场地设施的使用、管理和提档升级，鼓励社会力量参与现有场地设施的管理运营。"与此相关，《"健康中国2030"规划纲要》《关于加快体育产业促进体育消费的若干意见》等政策性文件中，也有相关的表述。因此我们有理由相信，在新时代高校体育设施管理部门应当形成更为稳定、更有效率的运营模式，学校其他部门及管理者也应与之相配合，积极谋求探索开放度更高的体育场馆运营模式，并使该模式与本校基本运营管理思路相一致。一般认为，应当鼓励学校开展以学校管理为主、政府购买服务与委托第三方专业组织运营为辅的运营方式，进行多种运营方式相结合的尝试。在此过程中，各项政策性文件已经明确提出政府及社会有关部门对于相关工作调整创新的支持，比如在《体育产业发展"十三五"规划》里面提及的培育体育社会组织，支持体育社会组织实体化运作等内容，都非常明确地说明了这一点，这些均给高校体育场馆服务外包运营提供了便利条件。

二、高校体育场馆服务外包运营内容及主要环节

服务外包指的是行为主体把自身工作中一些非核心的、可由其他行业从业者参与的业务，由传统业务体系中抽离出来，用外包的形式交给其他从业者来运作，从而达到优化服务、节约成本、重组价值链的效果。现在，很多地区的高校体育场馆已然注意到这方面的变化趋势，主动选择打破既定经营和管理模式，以便实现理想的场馆运营优化状态。

（一）高校体育场馆服务外包运营内容

高校体育场馆是典型的基础性投资，此类投资的规模较大，而且回收周期很长，在运营期间维护费用很高。一直以来，高校体育场馆的投资与维护都有赖于政府的资金投入，所以体育场馆也必然肩负着服务于社会的责任与义务，因而高校体育场馆要以多元化发展路径的开拓创新为契机，尽可能通过灵活的经营模式，找到经济发展与社会效益的平衡点。据有关资料统计，在我国高校系统中总计有体育场馆近30000个，约占国内体育用地总数的4.2%，然而受限于高校的非营利性特点，体育场馆往往以满足学生体育技能学习为主要用途，为了合理利用场馆资源，高校的体育场馆也逐渐接受承接体育赛事和商业演出的形式，但承接比例有限。

（二）高校体育场馆服务外包运营主要环节

如基于价值创造的角度进行分析，外包主要是把高校的体育场馆资源，以及与场馆资源直接相关的体育文化、伴生服务活动等部分或者全部内容向外转移，用于取得资源最大利用效果。一般认为，对高校体育场馆服务进行外包，主要涉及的环节有：外包内容和定

价的确认、承包方资格的审核、责任承担、活动监管等。首先，高校参考自身在体育硬件设施方面的特色，将之划分成核心和非核心的内容，对外包对象进行研究。其次，按照外包对象具体内容对承包方是否具有相应资质与能力进行分析。然后，要在明确承包方可否再继续分包的前提下，使场馆内可能出现的伤害事故等意外情况有清晰的责任划分细则，以此约束双方行为。最后，高校要负有对体育场馆外包过程中的监管、评价责任。

三、高校体育场馆服务外包运营模式的认可

通过考察体育场馆服务外包运营的情况，可以发现学生及社会各界普遍对这一运营模式表现出认可态度。

（一）服务外包运营情况

本市虽有十余所公办本科院校，且各校体育场馆资源都比较丰富，然而在这些本科院校中，只有5所高校的外包运营情况比较规范，占比不足50%。在5所高校的外包场馆里面，主要以游泳馆、羽毛球馆、健身房、乒乓球馆为主，均属室内场馆。通过调查了解到，未进行体育场馆资源外包的高校，主要原因涉及了场馆资源剩余不多、运营时间不合理等情况，比如某高校体育场馆尚不能满足本校师生使用需求，而某高校室内羽毛球馆由本校学生进行自主管理，在寒暑假时间闭馆。

（二）对服务外包运营模式的认可程度

对5所高校体育场馆资源外包运营的满意程度较为理想，其中持不满意态度的学生与社会人士所占比例不高，达到一般满意程度以上者均高于90%。因此可以认为，不管是高校学生，还是一般社区居民，均赞许高校体育场馆资源外包运营，支持的原因主要包括场地设施可以满足锻炼需求、服务态度较好、卫生状况理想、收费合理等。

四、高校体育场馆服务外包运营模式的优势

上面调查结果显示，学生与外界对高校体育场馆服务外包运营模式高度认可。之所以认可程度较高，与体育场馆服务外包的优势直接相关，兹对优势分别讨论。

（一）运营绩效的提升

体育场馆是一种特殊的公共体育服务产品，其作用之一在于大众健身服务，因为体育场馆在平时运营和维护时需要大量开支，若只关注服务功能而忽视市场开发，则场馆运营将会面临极大的资金压力。现在我国体育场馆包括企业性质场馆和事业性质场馆两种，利用服务外包的形式，高校体育场馆运营机构可以融这两种性质为一体，进一步确认自身理想的发展方向，切实改变原本存在的场馆规模大、场馆位置偏、体育赛事少等情况，充分发挥出服务群众健身的作用。对于外包服务而言，场馆管理者完全可以借此机会，集中优势资源用于本体业务的拓展，对处理好现在场馆发展的突出问题有明显作用，运营绩

的提升指日可待。

（二）运营成本的节约

体育场馆运营成本巨大，无论是设备支出还是各类费用，以及由此造成的成本损耗，都非常值得重视。利用服务外包的形式，把自身工作中一些非核心的、可由其他行业从业者参与的业务委托给专业外部公司，则是节约资金投入、减少成本支出，以及节约机会成本的有效形式，特别是由服务供应商统一组织的服务人员、对人员的专业培训等，都是减少场馆支出的有效形式，节约的运营成本用于场馆形象改善工作将更有价值，也更有利于学生与社会各界满意程度的提升。

（三）管理规范的促进

现在包括高校体育场馆在内的体育场馆设施缺少清晰的服务标准，直接导致各高校体育场馆服务意识薄弱、服务质量偏差，一些人员对于体育场馆的服务供应属性没有概念。而当服务外包模式被引入之后，利用和专业服务供应商的对接形式，通过外部引入的形式，持续提升员工服务意识与服务水平，达到管理规范的促进效果。也就是说，长期服务外包实践以后，高校体育场馆能够主动制订与自身发展相适应的业务流程、管理体系、服务标准等，这对于后续的基础设施建设、人力资源能力发展、项目管理能力进步等都具有极强的推动效果。

（四）场馆人员的精简

高校体育场馆多数具有事业单位性质，人事问题比较普遍，比如人员引入和退出机制不够完善，在绩效考核方面的体系化建设工作也不尽如人意，直接造成了场馆一直以低效状态运转。另外，按照国务院推动事业单位改革指导意见的要求，人事问题的解决在体育场馆建设工作中的重要性非常突出，只有真正解决好这一问题，才能避免人员闲置，让养老、医疗、保险等福利支出的节约成为可能。根据上述理由，服务外包形式，恰可以发挥出其自身优势，如在没有比赛时仅安排平时工作人员即可，这样可以真正减少人员费用支出，对于人力资源效率的提升大有好处。

五、高校体育场馆服务外包运营模式的问题和建议

（一）问题

高校体育场馆建设与发展过程中，服务外包是一项关键工作，目前采取这项工作的高校体育场馆，已经受到来自学生和社会各界的普遍认可，较高的认可程度，背后有多项运营优势相支持。但通过观察采取服务外包模式的体育场馆情况，可以发现其所面临的问题依然比较突出。主要问题集中于以下几个方面，其一是核心服务内容和非核心服务内容之间的冲突，无论是发包方还是承包方，均对减少投资和规避风险有所要求，因此会造成二者的立场差异，二者将有可能就核心服务内容和非核心服务内容发生争执；其二是对承包

方进行筛选的过程倾向于形式化，缺少对承包方在专业资质和经济能力方面的科学分析，因此有可能造成缺少场馆运营经验的主体接管服务问题；其三是服务外包的合同约束力偏弱，造成场馆多次转包与分包的现象屡有发生，与此同时，对于非营利性的高校组织群体来讲，如何监管与评价服务外包过程也是一个难点，这个难点问题的解决，高校表现各有不同，总地来看差强人意。

（二）建议

根据上面所提到的高校体育场馆服务外包运营模式的问题，建议通过下述几种方式加以优化，以便让高校体育场馆获得更大的经济与社会效益，进一步增加学生与社会的满意度。首先，应当使高校体育场馆在进行服务外包时，突出核心服务内容与服务功能的定位，也就是说，高校的服务外包模式探索工作，应当在保证核心服务内容与服务功能不受影响的前提下进行，学校教学、常规训练、体育赛事的需求应当得到充分满足，即核心服务内容和非核心服务内容不能相冲突。其次，高校要对服务外包承包方的资质进行全面审核，实际操作过程中基于场馆结构特点与校园体育文化特点的考量，以科学审慎的态度审查外包候选承包方资质，并对其从业经验等进行全面了解，做好关于运营成本、营销策略、人力资源等方面指标的评估。高校要对服务外包内容做出详细约定，在符合法律要求以及尊重校园体育文化特点的前提下，在合同中明确发包方与承包方各自的权利、义务，并列出违规行为的描述、违约责任的处置及赔偿等方面的要求。最后，高校应当构建形成必要的沟通与监督管理机制，一方面保证沟通与监督管理机制与法律法规要求的竞争、回避机制一道，共同确保承包过程的公正性，另一方面保证场馆在外包服务期间得到有效地监督管理，避免在此之后对于外包内容的放任问题发生。

第六节　"互联网＋"背景下我国高校体育场馆的运营

随着信息化和经济全球化的不断发展，互联网已经融入社会生活的方方面面，不断地改变着人们的生产和生活方式。而目前我国高校体育场馆的对外开放还是传统的模式，存在着高校体育场馆利用率低、运营管理落后、社会开放度不高等诸多问题。在"互联网＋"的背景下，高校利用移动客户端 APP 或者微信服务平台等先进互联网技术来对体育场馆进行运营，缓解大众日益增长的健身锻炼需求和体育场馆资源不足的矛盾，实现高校体育场馆的高效运行，进一步推动全民健身战略的实施。

2015 年 3 月 5 日，在十二届全国人大三次会议上李克强在政府工作报告中首次提出"互联网＋"行动计划，"制定'互联网＋'行动计划，推动移动互联网、云计算、大数据、物联网等与现代制造业结合，促进电子商务、工业互联网和互联网金融健康发展，引导互联网企业拓展国际市场。"2015 年 7 月 4 日《关于积极推进"互联网＋"行动的指导意见》

正式发布，这是推动互联网由消费领域向生产领域拓展、加速提升产业发展水平、增强各行业创新能力、构筑经济社会发展新优势和新动能的重要举措，为形成更广泛的、以互联网为基础设施和创新要素的经济社会发展新形态提供了保障。

互联网技术的快速发展极大地改变了我们的生活方式，各个社会领域因互联网的融入，大大提高了工作效率。而高校体育场馆，作为学生日常体育锻炼、强身健体、兴趣培养的平台，具有资金基础稳定、专业化人才、校园体育文化丰富等优势，因此，高校体育场馆信息化运营管理是其发展的必经之路。只有先进的信息运营管理模式才能高效满足大众日益增长的体育健身需求，才能极大吸引学生的体育运动兴趣。在这种需求下，高校体育场馆与"互联网＋"相融合的改革路径成了发展的必然。本节基于"互联网＋"时代背景下，以北京体育大学为例，就我国高校体育场馆策略做进一步探讨，以期为我国高校体育场馆运营管理提供有益的启示和借鉴。

一、目前我国高校体育场馆运营模式

随着社会经济和生活质量的不断提高，人们对于体育公共服务的需求量急剧增加，人民健身锻炼的需求日益增长。前不久在河南省洛阳市王城公园篮球场内，打篮球的年轻人和跳广场舞的大爷大妈因为场地发生矛盾，由言语冲突发展成为肢体冲突。然而，这件事情背后体现的却是，我国体育场馆稀缺以及体育资源分布不均的现实。

为缓解场馆短缺的问题，《全民健身条例》中指出学校应当积极创造条件向公众开放体育设施，国家鼓励民办学校向公众开放体育设施。高校体育场馆作为学校重要的硬件设施，是校园师生进行体育教学、训练、健身的运动场所。同时高校体育场馆作为一项公共产品，任一个体都可以消费。但由于学校的封闭性及信息的阻塞性使场馆的消费人群局限于高校师生。高校体育场馆的对外开放，能够为人们提供更多的、更好的公共体育服务，充分发挥场馆的价值，满足人们日益增长的体育锻炼需求。然而与此相背离的是目前我国高校体育场馆运营状况存在着诸多问题。

（一）目前我国各高校的体育场馆运营模式有以下几种

1. 对社会公众免费开放

目前我国高校体育场馆中比如操场、篮球场、足球场等在非教学时段对社会公众免费开放，社会公众可以在节假日、寒暑假免费使用这些场地进行体育锻炼。这类场馆的主要特点是室外场地偏多、运动项目大众化、场地维护成本低。作为公共体育服务的一部分，此类场馆的免费开放可以缓解社会公众进行体育健身场地紧缺的问题，促进全民健身的发展，增强公众的身体素质，强身健体。

2. 对社会公众有偿开放

高校体育场馆中还有绝大多数的场馆是对社会公众有偿开放的，社会公众可以在学校非教学时段付费使用。如网球场、篮球馆、羽毛球馆等，这类场馆的主要特点是多数为场馆、运动项目受众范围相对较窄、场地维护成本低，需要配备专业的管理人才进行场地管理。一般来说运营模式有三种：（1）体育场馆只供教学、和本校师生使用，节假日和寒暑假时期关闭，不对外开放。（2）学校直接对场馆进行运营，制定场馆管理制度，非教学时段对社会公众有偿提供。（3）体育场馆服务外包，通过外包经营商来对体育场馆进行管理和运营，学校收取外包费用。

（二）目前高校场馆运营过程中存在的问题

1. 体育场馆非教学时段利用率低且不均衡

首先，我国高校体育场馆在非教学时段利用率低。以北京体育大学为例，北京体育大学是一所综合性体育大学，作为全国体育类大学的最高学府，其拥有的场馆数量位于全国高校的前列。根据笔者实地调查，在节假日和寒暑假，除去本校学生训练使用外，大量的场馆都处于闲置状态，只有少量场馆对社会公众提供有偿服务。

其次，高校体育场馆利用率不均衡。在北京体育大学校内，网球场、体操馆、游泳馆等场馆利用率较高，而武术馆、篮球馆、摔跤馆等场馆在节假日和寒暑假几乎全部处于闲置状态。

造成以上原因不仅在于一些场馆的体育项目本身的普及率欠缺、社会大众对于此项运动的关注度和参与度较低，还在于学校的封闭性及信息的阻塞性使得高校体育场馆和外界交流沟通少，消费人群局限于高校师生。另外一些高校因为自身原因对社会开放度不高。

2. 体育场馆管理服务模式落后、信息化程度低、经济效益较差

目前大部分高校体育场馆运营模式十分简单，往往是社会公众通过电话预约或者亲自到场进行预约使用，还未能采取一些新颖便捷的方式。另外一些高校体育场馆运营还存在收费偏高、场馆使用时间限制过死、服务意识落后等问题，不仅超出了使用者承受能力，也制约了体育活动的组织和开展，场馆经营项目与社会需求脱节严重，严重影响了场馆资源利用效率。

目前我国大部分高校都属于事业单位，体育场馆的运营由行政部门对场馆进行自主经营，缺乏市场化运营。行政部门作为运营主体，在场馆使用的申请和批准等环节要按照严格的规章制度、经过较为烦琐的程序，需要较长的时间才能完成，工作人员的积极性会有所降低，这些都使得场馆的经营效率变低。

二、"互联网 +"背景下高校体育场馆运营策略

自从李克强总理提出"互联网 +"计划后，加强高校体育场馆信息化、数据化发展便成了高校的一项重要改革工作。"互联网 +"深入应用，是将互联网的创新成果深度融合于经济、社会各领域之中，提升全社会的创新力和生产力，形成更广泛的以互联网为基础设施和实现工具的经济发展新形态。在"互联网 +"时代背景下，互联网和体育场馆的结合，能提高高校现有场馆资源的信息化程度，加大体育场馆运营管理的数据化程度，促进高校

现有场馆资源的高效利用。

目前我国大城市的许多体育场馆利用先进的互联网技术，一定规模以上的场馆都有其微信公众号或 APP 平台，社会公众可以通过微信或 APP 网上预约场地，通过微信支付或支付宝缴费、交场地定金。场馆可以通过微信、APP 发布优惠政策，球场维修，工作时间变动，发展个人会员、团体会员，组织赛事，招募比赛赞助商，以及进行比赛成绩公布等。

移动客户端 APP 软件的便捷模式时下正在流行，这种及时咨询带来的方便为公众的锻炼需求提供了极大的便利。场馆 APP 或微信平台具有广阔的发展市场，独具特色的服务优势，时效性的信息传播技术；而高校体育场馆拥有资金支持稳定化、管理技术人员专业化、校园体育文化丰富浓厚、场馆供给对象多元化等优势。因此二者相结合使人们能够更便捷、更及时、更自主的接收高校场馆的信息，场馆使用者可以通过专业性的场馆 APP 了解高校体育场馆的公共开放时间、收费标准、运动项目等所需信息。场馆 APP 的到来给场馆用户提供更便捷的线上服务，促进了高校体育场馆的专业化服务。

第一，高校建立体育场馆运营服务平台，可以与市场上体育类 APP 合作或者设计高校官方的场馆 APP，也可以基于微信服务平台，开通微信公众号，将高校现有体育场馆进行信息梳理。利用此项互联网技术，可以把高校的体育场馆进行分类收录，分为非营利性体育场馆和营利性体育场馆。分别将其运动项目地点、类型、价格、开放时间以及场地空余情况全部实时反映到 APP 或微信服务平台当中，方便社会公众了解场地情况以及根据自身需求选择体育场馆。

第二，通过 APP 用户注册账号时填写的基本信息，了解用户的年龄、工作性质、收入水平、家庭状况等情况并进行统计，方便高校体育场馆进行市场化运营过程中的资源调配。同时高校体育场馆作为后台数据的拥有方，必须保障客户的隐私数据安全。

第三，各高校体育场馆统一使用微信平台或 APP 预约运营平台，体育场馆的线下（现场预约或电话预约）、线上（网上）预约都在网上运行，场地使用的情况都在微信平台或 APP 进行操作记录，每个体育场馆空闲的场地都能够实时显示出来，公众都可以准确查询到某个区域有空闲球场的场馆，避免到了场馆无空闲场的尴尬事情发生。

第四，微信平台或 APP 也是一个互动交流平台，高校体育场馆与 APP 可以利用双方的共享、技能优势，推出体育健身、技能教学视频。在平台体育场馆和俱乐部可以发布比赛信息、招募赞助商、网上报名、成绩公布、赛事主要事项。各体育场馆、教练注册后可以在微信平台或 APP 发布培训信息、收费标准、联系方式、短动作示范视频。使用户更多元化的学习体育内容，有助于推广高校体育场馆的多元化服务，打造高校体育场馆品牌，促进高校体育场馆的经济效益、社会效益最大化。

第五，媒体移动端口创造的广告商业价值是巨大的。微信平台或场馆 APP 可以定期设置不同的企业宣传推广，承办企业的运动赛事，间接地为企业的产品进行宣传；可以设置"商城菜单"，满足长期或短期宣展的企业将产品投放在 APP 中，从而增加体育场馆 APP 的知名度，提高运营宣传效果。

　　在"互联网+"的时代背景下，高校体育场馆应该充分利用互联网的全球性、共享性、交互性、快速高效性、个性化、及时性等特点，打破"学校围墙"，打破空间和时间的壁垒，推进了高校体育场馆的社会化、市场化发展，使全民共享高校场馆资源，缓解大众日益增长的健身锻炼需求和体育场馆资源不足的矛盾，实现高校体育场馆的高效运行，进一步推动全民健身战略的实施。

第五章 高校体育场馆运营管理研究

第一节 我国高校体育场馆运营管理

运用文献资料、实地调查、专家访谈等方法，对我国高等院校体育场馆运营管理问题进行研究。认为加强高校场馆运营能够丰富校园体育文化、实现场馆可持续发展、加强公共体育服务、促进资源有效利用。研究分析高校场馆运营管理的现实基础和综合环境，认为高校场馆存在功能设计单一，举办活动类型受限；自主运营模式为主，运营管理水平粗放；场馆经营创收乏力，学校负担不断增加；专业运营人才不足，制约场馆后续发展等问题。提出场馆复合设计与改造，倡导场馆资源共建共用；加强智慧元素配置，提升场馆竞争优势；实行专业运营，提高运营管理效率；吸纳专业经营人才，盘活存量人力资源等促进高校场馆发展的对策。

十九大报告指出增进民生福祉是发展的根本目的，必须多谋民生之利、多解民生之忧，在发展中补齐民生短板、促进社会公平正义。全面提升人民群众生活质量和幸福指数是各级政府的使命所在，随着全民健身和健康中国国家战略向纵深推进，公众参与体育活动的意愿与需求水涨船高，但在城市土地资源寸土寸金、体育人口快速增加的重压之下，场馆设施渐感缺乏。因此，高校场馆设施作为开展学校体育工作和服务社会公众的重要物质基础，应义不容辞成为开展全民健身活动的重要载体。近年国家连续出台系列政策文件促进高校场馆开放，加强其运营与管理，高校场馆设施的功能定位正在不断拓展，其服务范围与对象日趋扩大，在全面建成小康社会和新时代公共体育服务体系中扮演新的角色。但现实中，高校体育场馆仍面临动力不足、经营不善等一系列问题，既限制了自身发展，也弱化了其在公共服务体系中的基础性地位。因此，本节拟就高校场馆设施运营管理创新问题进行研究，以期为提高场馆运营效率和服务全民健身提供决策依据和理论参考。

一、加强高校场馆运营管理的必要性

（一）丰富高校体育文化

目前，大部分高校场馆设施功能定位仅限于为学校内部日常体育教学、庆典活动和大型体育和文化演艺提供活动空间，经营活动主要是课余时间对外开放销售场租，场馆余裕

时间、空间管理较为粗放，大型体育赛事策划与组织、场馆冠名权、广告和附属空间开发较为鲜见，场馆经营收入非常有限。而通过加强场馆运营管理、积极策划承办区域高校间体育赛事、承接社会各界体育比赛和文化活动、开展校内外丰富的体育赛事与活动，不仅能充分发挥场馆的核心功能、提高利用率、创造商业价值，还能在高校学生和青年中宣传奥林匹克精神、传递运动正能量，加强学校服务社会和学生社会实践，撕下当下大学生"弱不禁风"的负面标签，营造出健康向上的高校体育文化，成为高校全面发展的特色名片。

（二）实现场馆可持续发展

我国高等院校多为事业单位，这也直接决定了高校场馆设施的特点不同于体育系统和其他系统场馆，除在规划建设之初投入大量土地和资金外，学校还需持续投入资金用于日常的维护、购置各种器材设备等，但又不能给高校科研工作带来直接回报，投资回报率偏低，而高校场馆通常由体育院系、学部代管或全物业管理，由于缺乏专业场馆经营经验和管理创新思维，以致运营效率较差，一定程度上造成了国有资产的流失或浪费。随着高校场馆数量增长和质量提升，实施专业化运营需求更为迫切。国内一部分高校为扭转传统管理模式的不利影响，积极探索场馆运营模式改革路径，目前较为典型的运营模式为成立高校场馆管理中心、委托专业场馆运营公司运营和企业化运营，并取得了较好的经济效益和社会效益，面对高校场馆多元化的新形势，高校应与时俱进改革场馆经营模式，以实现场馆可持续发展。

（三）加强公共体育服务

据"六普"统计数据，我国主要场地类型中数量排名前五依次为篮球场、全民健身路径、乒乓球场、小运动场、乒乓球房（馆）等低质量场地，难以全面满足公众健身需求，与其他发达国家普遍拥有体育馆、游泳馆相比还有一定差距。在公共体育场地资源供给失衡的情形下，高校场馆是国家投资兴办，具有较为明显的公益性特征，理应成为提升公共体育服务品质的重要力量，但以目前我国高校场馆运营管理和对外开放效率来看，场馆设施的运行质量、开放时间等尚未结合信息科技成果予公众使用便利。高校具备信息技术研发的天然优势，通过加速场馆智能化管理和智慧化布局，一方面可以实现场馆时间和空间上的精确管理，有利于开展教学、对外开放和承接活动；另一方面可以利用场馆大数据精准服务降低运营成本和预测消费者需求，共同促进公共体育服务提质增效。

（四）促进资源有效利用

"十三五"规划提出创新、协调、绿色、开放、共享五大发展理念，2007 年国务院出台的《中央关于加强青少年体育增强青少年体质的意见》中明确提出学校体育场地与公共体育场地等要进行综合利用，一方面学校要充分利用公共体育场地设施开展体育活动，另一方面，学校体育场地在课余时间也应积极向学生和周边居民开放，实现资源共享。2013年，国家体育总局等八个部门联合下发的《关于加强大型体育场馆运营管理改革创新提高公共服务水平的意见》中也明确提出鼓励通过体教结合等方式，共建共享体育场馆，充分利用大、中学校体育场馆等社会资源，避免重复建设和资源闲置。高校场馆运营可与社区公共场馆等其他公共服务设施共享共用，既可以节约投资，又可以节约利用土地等资源，实现资源最大化利用。

二、高校体育场馆运营管理的现实基础与综合环境

（一）高校体育场馆运营管理的现实基础

1. 场馆数量稳定

据教育部统计，2017 年全国共有高等学校 2 913 所，若每所高校按照"一场两馆"配置，则高校体育场馆高达 8 379 座，并且多数高校场馆设施水平高于"一场两馆"标准，场馆设施数量非常可观。随着高等学校持续实行扩招政策，场馆数量相对稳定且呈上升趋势，但是高校体育场地数量和场地面积发展速度均落后于高校在校生的增长速度，部分经济较发达城市因教育发展需求在城市新区规划大学城，也有部分高校因发展需要进行了新校区扩建或场馆改造。无论大学城规划还是校区扩建均需配套一定数量的场馆设施，以满足大学生体育教学和周边群众健身需求，因此，在非特殊情况下，高校体育场馆设施数量短期内不会发生很大波动，即数量较为稳定。

2. 场地类型多样

高校为适应举办本校或承办其他不同规模体育赛事标准，满足体育教学需要以及学生多样化健身需求，通常规划建设多种类型场馆设施。经过多年的发展，高校场馆设施结构改善明显，体育馆、游泳馆、田径场（含足球场）、篮球场已基本成为标配，近年来各类国际型综合赛事落户中国，国内大学生体育项目联赛举办如火如荼，为避免重复建设和考虑赛后运营，高校场馆已成为众多赛事的重要选择，如北京大学体育馆符合奥运会乒乓球赛事标准，杭州师范大学仓前校区规划在建亚运会排球、橄榄球项目场馆，浙江师范大学户外拓展基地成为地方消防部门和中小学训练基地。另外，高校为满足学生各类体育俱乐部和社团活动发展，场地设施建设多元且相对集中，场馆设施规模一定程度上能够反映高校的教育设施服务水平较高。

3. 场馆质量较高

高校场馆设施质量好坏直接影响大学生体育活动开展的广度与深度，影响其身心健康水平，关系周边群众健身场所选择。近年来地方政府对高校财政支持力度加大，高校在场馆设施质量和档次方面得到快速提升，部分发达地区高校场馆设施投入超亿元，场馆设施达到甲级甚至特级水平，可以承接国际赛事。从场地类型方面来看，我国高校基本以体育馆、游泳馆、田径场、室内综合馆和室外运动场为主，场馆设施功能较为齐全。部分体育院校场馆设施水平更高，甚至拥有高尔夫练习场等高质量场馆设施。从场馆设施造价水平方面来看，高等学院主要场馆设施均造价颇高，尤其是体育馆和游泳馆，前期场地建设和维持运营需投入大量人财物资源，后期场馆持续运营还需投入巨额的大型维修费用。从社

会效益方面来看，高校室内场馆设施较多，可以最大限度地满足各类健身人群在特殊天气下的活动需求，公共体育服务效益显著增强。

4.对外开放提升

近年来，随着高校基础设施的完善和投入的持续增加，我国高校场馆设施逐步增多，开放率有较大提高。"六普"统计数据显示，2013年高等院校体育场地对外开放情况为：不开放场馆设施数为27393个，占比55.06%；部分时段开放10294个，占比20.69%；全天开放场馆设施数为12063个，占比24.25%。有将近一半左右的高校在满足日常体育教学需要的同时，选择对外开放场馆设施，为公众参与体育活动提供了较多高品质的健身场所，有效缓解了公众健身场地设施不足的困境，而高校场馆设施对外开放只是迈出了场馆高校利用的第一步，在未来还应继续探索多元化运营模式。

（二）高校体育场馆运营管理的综合环境

1.基础条件较好

我国大量体育设施集中在教育系统，而高校场馆设施是其中的重要组成部分，较之于其他系统场馆有着明显的优势。通常高校场馆建筑体量大、建设投入高，社会力量难以单独完成投资建设，而高校场馆有国家和学校作为后盾依靠，在资金保障方面具有一定优势。在实际运营过程中，借助高校事业单位性质，水电气热等能源费用可按照行政事业标准缴纳，有利于降低运营成本，节约大笔费用支出。另外在申报承办各类运动会项目时，高校的良好社会效应也是赛事举办方综合考量的因素之一。在人才培养方面，也可结合本校体育院系（学部）优势直接培养优秀人才。综合来看，高校场馆在各项运营条件方面具备一定优势。

2.国家政策支持

"十三五"发展时期，国家高度重视学校体育场馆设施开放运营工作，连续出台系列政策文件促进高校场馆开放运营，《国务院关于加快发展体育产业促进体育消费的若干意见》（国发〔2014〕46号）明确提出"加快推动学校体育场馆向社会开放，将开放情况定期向社会公开"。2016年年底，国家发展改革委、国家体育总局发布《"十三五"公共体育普及工程实施方案》明确提出鼓励企业、个人和境外资本投资建设、运营各类体育场地。2017年教育部、国家体育总局发布《关于推进学校体育场馆向社会开放的实施意见》（教体艺〔2017〕1号）提出"到2020年，建设一批具有示范作用的学校体育场馆开放典型，高等学校要加强体育场馆管理人才的培养，为体育场馆开放工作提供人才储备"。从上述政策来看，国家支持高校场馆对外开放并开展运营活动。

3.市场导向初显

虽然高校场馆设施的市场化进程相对缓慢，但已有社会力量涉足高校场馆设施运营管理领域，"六普"数据显示：2013年高等院校场馆设施采取合作运营的有369个，采用委托运营的场馆设施有326个，由此可见，社会力量运营管理高校体育场地已是未来发展的重要方向。如北京工业大学奥林匹克体育馆作为北京奥运会羽毛球和艺术体操两项奥运赛事比赛场地，充分考虑奥运场馆赛后利用问题，赛时场馆保障团队赛后保留、聘请成为场馆运营团队，成立北京工业大学场馆管理中心，场馆管理中心为学校直属单位，全面负责学校场馆的管理工作。一方面赛后将场馆改造成多功能馆，既是学校室内体育馆，又是国家体育总局羽毛球队训练基地；另一方面对体育馆功能分区进行改造，积极承办国内外重大室内体育赛事、承办大型文体活动（演唱会、展览会和联欢活动等）、利用项目设施设备，探索成立健身俱乐部等经营方式，创造经济效益达到"以馆养馆"的目标；同时，顺利度过赛时和赛后过渡期。

4. 现实成功经验

长期以来，高校场馆设施始终处于相对封闭的教育环境中，较少有市场主体参与高校场馆设施运营。传统意义上认为，高校场馆设施只是对内服务体育教学、文体活动和大学生素质教育提供场所，所以造成的社会影响较小。远观大洋彼岸的美国，其高校场馆设施经常被用作 NCAA 联盟、常春藤盟校等体育联盟大型体育赛事场所，商业运作较为成熟，从小到印有学校徽章的衣服、比赛纪念品销售、门票收入，大到电视转播、广告红利等，场馆收入非常可观。近年来，我国各地都在摸索和总结高校场馆运营管理的模式与方法，如常州工院体育馆作为常州首家对社会开放的高校场馆，体育馆由常州奥体场馆管理有限公司下属子公司常州奥体体育服务有限公司实行标准化运营管理，开创了校企联合运营体育场馆的全新模式；2017 年，首都体育学院成立北京酷佩体育文化中心（其前身为首都体育学院场馆管理中心），标志着学校场馆迈向企业化运营，在保障学校教学场地安排、社团活动、课外活动之余，充分计算场馆余裕时间和空间。2018 年承接社会各界体育比赛50 余项，高校场馆核心功能得到充分施展，经营状况大为改善。

三、高校体育场馆运营管理面临的问题

（一）场馆功能设计单一，举办活动类型受限

国内高校大多数体育场馆为单层建筑，用地面积较大，建筑面积较小，容积率过低，土地利用效率过低，在功能设计上以满足学校各项大型节庆典礼与体育教学的需要为主，对承办大型赛事以及其他配套服务功能等设计不足，未能对体育场馆进行多功能、复合化设计，地上地下空间的开发利用缺乏，地板较少采用拆装式设计，场馆有效使用面积非常有限，难以实现一馆多用，仅限于举办篮球、羽毛球、乒乓球等全民健身赛事或简单对外开放，导致体育场馆的服务功能过于单一。而美国高校大型体育场馆的功能设施比较灵活，体育馆可承接篮球、冰球、速滑、拳击、室内足球等高品质赛事，注重竞赛、健身与商务、购物、休闲娱乐和旅游的融合，积极开发相关的配套设施。在当前国家推进资源节约型社会建设进程，对于高校场馆发展而言必须要提高土地资源的集约利用水平，提高建筑强度，加强场馆功能设计，将其打造成一个以比赛观赏为核心的区域文娱场所，以实现土地资源

的高效利用。

（二）自主运营模式为主，场馆资源闲置严重

虽然国家政策鼓励企业、个人和社会资本运营各类体育场地，但各地高校作为场馆代理方并未选择完全放开经营，多数高校对场馆运营的第一要务仍以增强师生体质健康水平，提升高水平运动队技术为主，只有在少数发达地区或主要领导支持下方才考虑加强经营管理。从总体发展情况来看，我国高校场馆仍以自主运营为主，经营模式过于单一，突出表现在专业化水平低，缺乏专业组织分工与合作意识，未能引入专业运营机构，尚未借力互联网和体育场馆结合来建立场馆预定与场地信息发布系统，服务质量差强人意。与合作运营模式与委托运营等模式相比，明显竞争优势不足。而我国高校场馆规模通常较大，拥有众多座席数，适合举办各种大型活动，但众所周知，大型活动属于稀缺资源，高校亦缺乏相应的市场资源，大部分高校场馆经营管理理念难以与市场对接，服务对象局限于在校学生、教职员工和周边居民，节假日和寒暑假期间通常不对外开放，致使高校场馆设施长时间闲置，整体利用水平较低，与美国高校场馆采取商业化运作模式，频繁举办赛事相比相距甚远。

（三）场馆经营创收乏力，学校负担不断增加

虽然我国部分高校场馆经营状况有所改善，但绝大多数高校场馆运营主体由于缺乏组织文体活动经验，在大型体育赛事、活动极度有限的形势之下，场馆运营机构既不积极策划文体活动，也不与专业运营机构合作，致使其活动资源严重短缺，运营内容还基本停留在场地开放出租阶段，少见开展体育广告、场馆冠名、体育产品开发和体育健康管理等项目服务，严重影响场馆的经营创收能力以及场馆的利用效率，导致只能依赖预算、单位自筹和屈指可数的开放收入。从经营视角来看，即使不考虑一定时期内的巨额大型维修支出，高校场馆自力更生仍旧存在较大困难，尤其是拥有体育馆、游泳馆，维持如此体量巨大的建筑物，大多高校还是需要通过学校预算解决巨额的能源费、人员工资和其他运行费用，常年累积的支出已成为高校不堪重负的包袱。

（四）专业运营人才不足，制约场馆后续发展

虽说高校具备一流的师资力量和高素质的人才储备，拥有高质量的体育场地和设备仪器，但场馆运营要想实现专业化运营，不仅要求有场馆经营管理的专业知识，还需具备丰富的活动策划、器材维修等专业技术，而高校普遍未专门开设场馆运营课程和有意识地专门培养相关人才。从客观的角度来讲，高校师生无法兼顾教学与场馆运营，传统运营模式难以实现专业化运营。同时，由于国内高校体育学各专业主要以培养专业教学和科学研究人才为主，即使少数学生具备一定的场馆运营知识储备，但是实践与管理能力欠缺，受传统观念影响，场馆运营机构又并非应届毕业生就业首选，而社会力量培养相关人才所耗费的时间和精力成本较高，现有员工中普遍缺乏市场开发能力，高校场馆运营极度缺乏"懂体育、善管理、会经营、懂法律"的专业复合型经营人才。而且，随着场馆业务发展需求

和产业融合进程加快，特别是互联网时代的快速发展和营销手段的变革，专业运营人才储备不足将严重制约场馆后续可持续发展。

五、对策建议

（一）场馆复合设计与改造，倡导资源共建共用

目前，绝大多数高校场馆由于功能设计单一，附属设施开发不足，实际使用面积非常狭隘，其经营定位又与周边其他系统场馆功能重叠，场馆的服务水平有待增强。因此，应充分调研在校学生和周边群众的健身需求，加强现有场馆的复合化设计，投资一定资金对场馆进行空间整合与功能升级，应特别注意对体育馆地板进行可拆装式改造，满足各类型活动对场地的要求，积极扩建室内场地空间，增添经营内容较强的体育设施（场地），全方位提高高校场馆经营管理效益。与此同时，在各方面条件充分允许的前提下，建议整合高校体育场地、社区体育场地和体育系统公共服务资源进行共建公用，此举不但能够有效破除行业系统壁垒，实现资源活动共享，还能避免场馆重复建设和资源的浪费。

（二）加强智慧元素配置，提升场馆竞争优势

多年以来，我国高校场馆软件信息开发意识普遍滞后，不利于新业态开发和构建新营利模式，但近年来互联网技术快速发展，场馆体验掀起新一轮重构，无论从教学管理还是开放经营的角度来看，高校场馆增设智能化设备，朝智慧场馆转变成为提高运营能力的重要机遇。在智慧场馆运营模式下，场馆的运营管理更加数字化、智能化，能够加强活动信息发布促进人员引流，及时传达和共享馆内情况，使运营机构做到内外实时管理，进一步完善场馆信息服务体系；学生和消费者的个性化体验能够得到全方位满足，场馆不再是冰冷的建筑物，累积的大数据可成为赞助商评估的重要依据，进而为广告招商、无形资产开发带来可能，能迅速确立场馆的竞争优势，促进场馆转型升级。

（三）实行专业化运营，提高运营管理水平

当前高校场馆自主运营模式已疲态尽显，实施专业化运营是未来重要的发展方向，对比传统运营模式，其在经营理念、场馆运行、设备设施保障、财务制度和市场开放等方面有着难以比拟的优势。而且，实施专业化运营可以充分发挥高校各方资源，依靠体育院系（学部）专业优势，为全民健身发展、青少年体育培训和国内外体育赛事等提供专业服务，积极为各企事业单位提供运动会、趣味活动、比赛类活动项目，开展体育广告、体育产品开发和体育健康管理等服务项目，目前较为可行的路径，一是成立场馆管理中心，作为学校直属单位，全面保障高校的技术课教学、训练以及社会服务，开拓场馆经营业务；二是开展校企合作，尽快开放高校场馆经营权限，引导社会力量参与运营管理，借助其丰富的赛事活动资源和专业运营，提高高校场馆运营管理水平。

（四）吸纳专业经营人才，盘活存量人力资源

国内绝大多数高校场馆管理组织机构设置混乱，岗位人员结构参差不齐，职责定位模糊，内部管理和外部市场开发普遍缺乏人才，对外经营多指派 1～2 名工作人员简单负责场地收费和安全管理，经营效率低下，已难以适应场馆的长期发展要求。可行的路径是根据实际需求科学设置场馆管理部门，明确部门规章制度和岗位工作职责，按部门需求招纳核心人才（尤其是急需的市场开发专业人才），以整体提高场馆业务水平。实施"走出去，引进来"策略，积极开展员工内部培训和校外交流，盘活存量人力资源，有条件的高校可以赴国外高校场馆参观学习，汲取并借鉴国外体育场馆先进的管理理念，提高场馆的综合服务水平以反哺学校和公共体育事业。

高校场馆的运营管理对提高大学生体质健康水平、促进公众健身参与和营造健康向上的氛围发挥着至关重要的作用，如何提高高校场馆运营的综合效益，使其真正与使用需求挂钩，与城市生活、产业发展紧密相连已成为重要的理论和实践命题。高校体育场馆的运营困境，源于长期以来缺乏真正科学理性的综合策划和可行性研究，研究通过对高校运营管理的现实基础和综合环境分析，提出发展参考路径，以期增强复合经营能力，拓展服务领域，延伸配套服务，建立适宜我国国情的高校场馆发展方式。

第二节 赛后高校体育场馆运营管理

体育场馆大多数是为了举办集中的、综合性的赛事而设计、建造的，但是在赛后，由于管理不善，不能充分发挥体育场馆的社会效益，本节通过对赛后体育场馆的现存问题、原因进行分析，并提出了如何对赛后体育场馆进行优化管理，充分发挥赛后大型体育场馆的作用，服务社会。

2017 年在天津举办的第十三届全运会动是党的十九大前举办的国内水平最高、规模最大的综合性体育盛会，本次全运会深入"以人民为中心"的办赛理念，不同于传统的"全运练兵、奥运夺金"思路，天津全运会更多地将目光投向"发展体育运动、增强人民体质"，大胆创新，真正让人们体验到竞技体育重要的不只有名次，竞技体育真正的目的在于通过运动能让人们感觉到生活的美好与快乐。本届全运会增加了国际象棋、脚尖气功等大众参与度高的项目以及轮滑、攀岩等年轻人喜欢的项目，更有普及度高的业余乒乓球、羽毛球等项目。据第十三届全运会组委会介绍，此次赛事共涉及场馆 49 个，其中新建场馆 21 个，改造场馆 15 个，利用现有场馆 11 个，易地使用场馆 2 个。但是，全运会之后，在体育场馆运营与管理方面却成为每个主办方面临的问题，体育场馆的高配置与低适应的矛盾显著。

我国现有的体育场馆资源大多集中于学校，占全社会资源的 60%，通过开放学校体育场地能够为周边居民提供大量的活动场所，改善居民生活条件与状况。但是我国学校体育

场馆的开放程度普遍较低，社区居民如果要使用该校的体育场馆，需要经过层层审批，首先由体育场馆负责人与社区居民进行一线对接，之后层层上报，最终需要主管体育副校长盖章，从申请到真正使用需要较长时间，严重影响了居民使用体育场馆的积极性与满意度。此外，一些工作人员为了工作之便利，尽量使用各种理由阻碍居民对场馆的申请使用，因此，居民没有成为被服务主体，反而成了被管制的对象。近年来，各地学校体育场馆的开放从时间上与开放对象都有很大的约束，开放前提是建立不影响正常的体育教学活动，这就决定了开放时间往往只是周末时间，而在日常生活中，居民想使用高校场馆资源就变得极为困难。

一、体育场馆供需矛盾的深层原因

（一）运营不当：体育场馆的运营模式单一，服务质量不高

目前，我国体育场馆以提供场地租赁为主，没有提高太多的体育培训服务，群众喜闻乐见的竞赛、表演、健身等活动也很少开展，体育场馆未能充分利用已有的专业知识，发挥向社会传播体育知识与技能的作用，缺乏免费体验的运动课程。此外，体育场馆未能提供便民的场地预订服务。大多数场馆没有专门对外通知场馆运营状况的微信公众号，场馆的使用信息更多集中于高校系统内部正式平台的发放，即使有一些场馆拥有自己的微信公众号，由于场馆运营能力有限，信息更新并不及时，没有快速预定场地的功能，致使有些居民不能及时掌握信息而凭空跑路，影响居民使用场馆体验。

（二）协同发展不到位：政府和社会资本投入比例失衡，体育场馆的经费入不敷出

在体育场馆基础设施 PPP 模式投资建设中，由于体育场馆的公益性质比较明显，因此很难引入社会资金参与到体育场馆的建设运营中来。再加之体育场馆内部运营体制不完善，运营管理者没有硬性考核指标，在管理过程中存在惰性，长此以往，大部分体育场馆在面对运营的高的人力成本、固定成分费用的支出，很难通过正常运营实现自负盈亏，往往需要政府财政支持，从而长期处于入不敷出的状态。而依靠提升门票价格带来的结果只会恶性循环，体育场馆运营方与群众都不能受益。为此，体育场馆运营部门应积极刺激社会资金进入，具体可表现为：第一，体育部门采取行动鼓励自然人、法人或其他组织对体育场馆提供社会捐赠。第二，冠名权是体育场馆融资的重要途径，可以减轻政府和体育场馆的维护保养财务负担，体育部门要重视拍卖体育场馆的冠名权。通过上述方式可以改掉体育场馆入不敷出的现状。

二、赛后高校体育场馆运营管理

（一）打造品牌体育赛事，推动服务业发展

高校体育场馆在满足学校体育教学和全民健身的情况下，可以引进和创立自己的品牌体育赛事，打造赛事的主场。通过申请大型体育赛事，一方面可以吸引企业与赞助商资助，使当地体育产业与服务业相融合，这样可以为高校周边的区域带来辐射效应，通过交通、旅游、餐饮、服务、商业等方面的发展，通过刺激消费，提升本地经济水平；此外，通过推动地域体育项目的发展，提升高校场馆自身的知名度，会增强当地民众对体育场馆的认同感与荣誉感，促进本地居民在体育馆内的消费。

（二）培养专业管理人才，提高场馆设施经营管理的专业水平

场馆运营同其他行业一样，需要培养专业管理人才，建立专业的管理团队来提高场馆运营效率。为此，体育场馆一方面需要外部引入专业人才负责场馆的运营，通过外来人才引入能够对现存的问题进行有效变革，在短期内会取得良好的效果；也可以通过内部人员的培养来选取场馆的管理者，这种渐进式的变革需要周期长，很难改变场馆之前的组织文化，但这种方式比较平稳，不会产生颠覆式的后果。此外为提升体育场馆运营效果，外部环境同样重要，为办好天津市第十三届全运会，自2010年起天津先后启动实施了快速交通系统、城市道路整修、交通枢纽建设、公用设施保障、重点地区改造、生态环境提升和惠民便民建设等民生工程。

（三）加快"互联网+"体育场馆的融合发展，提高运营效率

体育场馆未来发展方向是通过互联网平台和信息通信技术，提高体育场馆在经营、对外服务等领域的工作效率，解决体育场馆管理效率不高、公共服务水平偏低等实质性问题。通过建立场馆APP或者微信公众号，及时更新和发布场馆现行运营情况，以居民为导向，不断完善服务，让居民在使用体育场馆的过程中有更好的感受，只有这样才能从根本上解决居民参与积极性不高的问题。此外，对体育场馆运营人员的监督与管理，增加其绩效考核内容，才能调动管理人员的积极性，保证运营效果。

第三节　高校体育场馆运营风险管理

本节运用风险管理的理论与技术，在分析风险管理与高校体育场馆运营过程中风险管理概念内涵的基础上，探讨高校体育场馆运营过程中的风险类型，并提出风险应对措施及相关建议，以期为高校体育场馆的运营提供参考。

一、高校体育场馆运营风险管理释义

一般认为，风险是指某一事件在特定的客观情况下、特定时期内，预期结果与实际结果间的变动程度。变动程度越大，说明风险越大；反之，变动程度越小，风险越小。风险一般具有以下几个方面的特征，即客观性、可预测性、对立统一性、负面性。风险管理是指研究风险发生规律和风险控制的一门新兴管理学科，它通过风险识别、风险估测、风险评价，优择风险管理技术，对风险实施有效地控制和妥善处理所致损失，期待以最小的成本获得最大的安全保障。

高校体育场馆运营风险管理是针对性地对高校体育场馆运营过程中的各种风险进行识别和评估，并在此基础上运用各种风险管理技术，对高校体育场馆运营风险实施有效地控制，以保证场馆的稳定运营。

二、高校体育场馆运营风险管理的必要性

（一）高校体育场馆数量的要求

第五次全国体育场地普查表明，截止到 2003 年 12 月 31 日，在我国现有的 850080 个体育场地中，体育系统有 18481 个，占全国体育场地总数的 2.2%；教育系统有 558044 个，占全国体育场地总数的 65.6%。目前我国高校普遍拥有一定数量的体育场地，其中大多数为中小型的体育场馆，主要是满足校内学生上课和部分专业队员训练的需要。校内的大型体育场馆基本上是在篮球馆的基础上兼顾其他球类馆的功能，开发而成的综合馆。但在实际使用上，由于受配套设备的限制或管理制度的制约，其发挥的作用也主要是服务于学校的大型活动，或举办地区性运动会等。目前能够有能力承接全国性比赛或国际单项比赛的高校体育场馆还为数很少。

（二）高校体育场馆的发展趋势

高校体育场馆建设和管理的发展趋势，要求对场馆的运营进行风险管理。随着高校体育场馆的发展，目前高校体育场馆逐步由行政型管理向经营型管理模式转变，已经不再是完全为了满足学校教学和训练的需求了。现在的高校体育场馆，已经越来越多地运用经营的理念，通过开展多种有偿服务，创造经济价值，实现自给自足。因此，高校体育场馆的风险管理研究，对高校体育场馆今后的运营管理将会有很大的指导作用。

三、高校体育场馆运营风险管理分析

（一）高校体育场馆运营风险的识别

由于高校体育场馆的特殊性，高校体育场馆的运营可以大致分为三类，即日常教学或训练、对外开放和举办大型活动。

1. 日常教学或运动训练中风险的识别

由于高校体育场馆修建的主要目的是为了服务高校教学及运动训练。在正常的教学期间，体育场馆一般是不对外开放的，此时在场馆训练和上课的人员一般包括老师或教练、学生、场馆工作人员。根据以往的经验，此时间段存在的风险主要有体育活动中的人身意外损伤、体育场馆设施的损坏、进馆人员物品的丢失等。

2. 举行各类大型活动时风险的识别

体育场馆单纯地依靠场地出租已很难满足自身经营，所以举办大型活动将成为学校体育场馆发展的主要趋势。然而，举办大型活动期间，涉及的部门和人员较为复杂，管理难度较大，所以其中的风险也会随之增加。这主要包含因不可抗拒因素导致活动的中断、推迟或终止、入场或退场时人员拥堵造成的风险、由于天气或其他原因导致消费者长时间滞留场馆等。由于场馆承接活动时，遇到的风险事件多而复杂，本节只研究场馆经营者责任范围内的事故，对于其他由于活动组织团队造成的风险不纳入本节的研究中。

（二）高校体育场馆运营风险的评估

通过对场馆工作人员的访谈、查阅相关文献资料以及对北京多家高校体育场馆的实地考察，依照风险管理评估的基本方法，本节对高校体育场馆运营风险从发生的频率和风险造成的损失严重程度两个方面进行评估。（1）风险发生的频率。对于高校体育场馆运营风险发生的频率，依据以往各类事故发生的次数和体育场馆运营管理的经验，将风险发生的频率分为三个等级，即经常发生、一般和很少发生。（2）风险造成的损失程度。根据风险所造成的损失的严重程度，可以分为三个级别，即高度损失、中度损失和低度损失。

四、高校体育场馆运营风险的处理

对高校体育场馆运营风险进行识别、评估之后，场馆管理者或决策必须规划并选择合理的风险管理对策，尽可能地减少风险发生的可能性，对场馆运营风险实施有效地控制和妥善处理风险所致损失的后果。高校体育场馆运营风险的处理方式包括以下几个方面。

（一）风险规避

对于某种发生频率较高、损失后果严重的风险常采用的应对策略是规避风险，即从根本上避免此类事件的发生。对于一个场馆管理者或决策者来说，在采取这种策略时，体育场馆的管理者或决策者应根据自己场馆的实际特点和需要，对风险有充分的认识，对于风险发生的可能性和后果的严重性有足够的把握，因为选择这种风险应对策略也就意味着失去了营利的可能。

（二）风险转移

风险转移是体育场馆风险管理中最行之有效地方法之一。对于那些发生频率不高，损失程度不是特别严重，自身场馆能够处理和解决的风险，常采用风险转移的方式来减少场馆可能的损失。在我国体育场馆的风险转移中主要包括保险转移和非保险转移。

保险转移是场馆应对风险最有效、应用最广的管理手段之一。通过将场馆运营中不确定损失的风险转移给保险公司。通过保险，有利于场馆对各种突发事件带来的财务支出提供经费保障。目前，应用于高校体育场馆的保险种类主要包括财产保险和人身意外伤害险两类。非保险类的转移主要包括签订免责协议、转移风险源等。

风险控制。风险控制是场馆风险管理措施中所占比例最大，应用最广的应对措施。它是指通过降低风险发生的概率或者减少风险损失严重程度来减少期望损失成本的各种行为。它适用于能将低风险程度但无法消除，又无法进行转移的风险。

制定风险。应急预案体育场馆风险应急预案的制定，可以及时、有效地处理场馆运营过程可能出现的各类风险事件，最大限度地减少给场馆带来的经济损失和社会负面影响。高校体育场馆运营过程中常常面对的是损失中等或中等以下，但发生频率相对较高的风险，针对这一类风险最有效地做法就是根据自身场馆的特点制定风险管理应急预案。

安全检查。安全检查有助于降低风险事件发生的可能性。对于体育场馆的安全检查，应建立检查制度，包括初始检查和阶段性检查。初始检查主要为找出潜在风险，按重要性顺序列表，然后定期进行阶段性复查，检查结果应全部归档；另外加强现场管理也是风险预防控制的措施之一，如随时保证场地设施的安全修护，随时检查场地以发现明显的或潜在的灾害因素，将灾害因素迅速清除或给出警示牌，对于可预见的危险采取预先的防护措施，对场馆来馆人员采取合理的安全保卫措施等。

加强员工。培训员工作为场馆的工作人员，其职责在于为体育馆的消费者或学生提供服务。但是如果员工自身素质或技术不合格的话，那这样的员工本身很可能就成为引发风险的原因，因此有必要对员工进行培训。如对进行火中逃生、消防演习、溺水救生、伤口包扎、扭伤和骨折处理等方面的培训，使员工具备很好的风险预知能力，最大限度地救助当事人，也有助于保护场馆自身的利益。

设立专门的管理机构。学校体育场馆在对外经营的时候，不可避免地会产生多方面的风险，要想对这些风险进行有效地应对，实现利益最大化，必须成立专门的管理机构，通过赋予管理机构一定的资金、权利、人员等，明确管理机构的目标、任务、职能等确保体育场馆在对外经营时，对各种风险能够充分地认识，制定科学的应对策略，实现高校体育场馆对外经营的最大经济效益和社会效益。

五、结论与建议

（一）积极做好日常风险管理

风险管理应该尽快融入高校体育场馆的日常管理之中。高校体育场馆管理者应根据自身场馆的结构特点和运营目标，将风险管理用于实际的工作之中，并在平时的工作中重视对各种事故、时间的记录和归档，从而有效地降低自身可能遭受的损失。

（二）转变思想，树立正确的风险管理观念

体育场馆在运营过程中不可避免地会存在各类风险，高校体育场馆亦是如此。因此，高校体育场馆的管理者或决策者要事先做好防范各种风险的对策措施，将各种风险防患于未然。其中涉及以下几点：第一，要敢于承认风险。要认识到高校体育场馆走市场化经营，产生风险是不可避免的。第二，要敢于承担风险。体育场馆获取收益越大，风险也会随之增加，只有在敢于承认风险和承担风险的前提下，才会可能获取更大的经济效益。

（三）积极应对运营过程中的各种矛盾

高校体育场馆是在正常教学和训练的同时实施对外经营，是一个充满矛盾的过程。一方面是正常教学和训练与对外经营的矛盾；另一方面是高校体育场馆社会效益与经济效益的矛盾。因此，高校体育场馆在对外经营的过程中要妥善处理好这两方面的矛盾。高校体育场馆在对外经营的时候，应避免因为取得高额的经济效益而忽视了正常的教学，甚至出现影响校园秩序的情况；应做到社会效益与经济效益有机统一、协调发展。

（四）不断完善风险管理计划

将风险管理的基本步骤和方法与高校体育场馆运营自身的实际情况相结合，制订出适合自身需求的风险管理计划。每个场馆的实际情况不一样，其最终形成的风险管理计划也会各不相同。虽然总的指导思想和原则是一致的，但是场馆管理者一定要从实际出发，不能完全照搬书上的做法和国外的经验。坚持对场馆进行长期的风险管理，不断更新和完善风险管理内容。风险管理是一个不断循环、发展的过程，而不是一劳永逸的。体育场馆的管理者必须根据实际情况的变化，及时地调整风险管理计划。只有这样，所得到的风险管理计划才是有效地，才能够在实际使用中发挥其应有的作用。

第四节　数字化背景下高校体育场馆管理

在互联网技术和智能技术应用日益成熟的今天，整个社会的各个行业之间都需要对此技术进行融入应用。数字化应用的最佳效果在于通过科学技术的有效应用以及科学合理化分析，从而为各项活动开展提供精准依据。对于高校体育场馆建设与应用而言，无论是体育场馆的数量，还是整个体育场馆的完善性均超越了以往，因此，结合数字化背景，探究高校体育场馆管理与运营的合理途径极为必要。

在当前高校体育运动发展日益成熟的背景下，各个高校都对体育场地设施建设增加了相应投入，无论是体育场馆的具体数量，还是相关规模，都实现了跨越式发展。但是通过对高校体育场馆管理与运营活动开展状况进行分析，可以看到由于高校体育运动在开展过程中存在自身特殊性，其整体利用时间较为集中，因此多数体育场馆存在空置时间长、整体利用效率较低等一系列问题，从而大大限制和影响了体育场馆的价值作用发挥。高校体

育场馆的管理与运营过程中，其客观投入与实际收益之间存在极大差距。

不仅如此，目前多数高校体育场馆在具体运行过程中，其依赖的主体都是学校自身，无论是管理人员的专业程度，还是整个体育场馆的应用实效，均与实际需要之间存在极大差距。特别是高校体育场馆的管理及运行，使用的仍然是传统的经营模式，无论是经营费用，还是经营主体，均不理想。而且，高校体育场馆在运行过程中，未能将时代化元素融入其中，在信息化技术和智能技术应用不断成熟的过程中，信息化和智能化能够为高校体育场馆的具体情况管理提供有效帮助和具体支撑，但是目前多数高校尚未能探索到数字化管理与高校体育场馆管理之间的协调关系，从而限制了整个高校体育场馆的管理与运营效果。

客观而言，对于高校体育场馆来说，其在应用过程中需要定期进行维护和检修，同时也要对整个场馆的使用状况进行及时有效地监督。但是目前很多高校对体育场馆的管理，使用的更多是传统的人工巡检方式，无论是管理实效，还是科学化程度都明显不足，尤其是随着当前高校体育场馆规模的不断扩大，传统的管理方式根本无法满足这一发展趋势。因此，探究合适的融入元素极为必要。不仅如此，随着社会大众对体育运动健康的价值认知日益成熟，如今高校体育场馆在开发过程中，参与群体应该结合时代发展的具体背景进行适当扩大。而参与群体的复杂性，加上参与时间的不确定性和灵活性，就需要高校体育场馆在管理过程中融入数字化技术的时代优势，从而实现理想的应用效果。

一、高校体育场馆管理与运营的多样要求

对于高校来说，体育教学机制及设施应用是其中重要的元素内容，而高校体育场馆管理及运营也是该体系中的核心内容。随着当前多数学生参与体育运动积极性的不断提升，提升高校体育场馆管理与运营水平就极为必要。结合高校体育场馆管理与应用的具体状况以及体育运动开展的具体需要，不难看出其在管理及应用过程中需要充分满足以下多样要求。

（1）需要充分满足学生的体育锻炼需求。结合当前高校体育教育不断成熟这一客观背景，在教学活动中，无论是体育运动的完善度，还是学生参与体育运动的热情和积极性，都得到了实质性的提升，而高校体育场馆作为承载和容纳学生参与体育运动的基础和载体，无论是管理还是运营，都需要充分注重将学生自身的锻炼需求系统化地融入其中，不管是体育场馆的维护与建设，还是具体的应用机制，都需要将学生的需要放在首要位置。而想要满足这一需要，就应探究体育场馆具体运营过程中存在的问题和不足，特别是要考虑学生的体育锻炼兴趣和锻炼时间及习惯，来安排场馆的具体运营模式及方案，从而实现学生的体育锻炼需求。

（2）需要充分满足时代发展的客观要求。结合当前时代发展特点和发展趋势，不难看出信息化技术的各项影响，已经成为当前高校体育教学活动开展过程中出现的新问题和新

需要。结合高校体育运动开展的具体要求，可以看到随着当前高校体育场馆数量的不断增加以及体育场馆类型的更加多元，传统的高校体育场馆管理及运营的使用模式已经无法满足庞大的管理规模。此外，当前学生的体育锻炼需求日益多元化，因此必须创新管理体系。在数字化管理体系建设过程中，管理者可以充分发挥信息技术的具体优势，实现精细化、集约化管理，以便对高校体育场馆进行及时有效地管理。在这一过程中，体育场馆的具体运行状况能够被管理者及时认知，并且便于做出统一部署与协调安排。

（3）需要将社会群体的体育消费需求与高校体育场馆的最佳利用相结合。随着全民健身热情的不断提升，如今整个社会已经形成了全面参与体育运动的良好氛围。但是客观而言，社会群体与学生两者所具有的体育资源并不匹配，高校的体育锻炼资源未能得到充分有效地应用，社会群体的消费需求未能得到有效满足。因此，如何才能将社会群体的体育消费需求与高校体育场馆的最佳利用相结合，就成为当前高校体育场馆管理与运营的重要方向。而通过纳入数字化管理机制，可构建体系化的体育资源利用平台，通过实现体育场馆资源的协调应用，能够尽可能地避免出现体育场馆空置的现象。将高校体育场馆应用与社会大众体育运动相结合的过程，是全民健身运动成熟发展的重要表现，而想要将两者系统化结合，就需要借助数字化成熟应用这一背景，从而为其发展提供扎实的技术基础。

二、数字化背景下高校体育场馆管理与运营的相关机遇

随着人们对身体健康的重视程度不断提升，如今健康已经发展成为全面关注的重要内容，而如何才能实现健康成长，探究合适的举措、选择合适的健身方案就极为必要。当前，不论是高校的体育教学活动，还是体育运动的社会化、大众化程度，都在不断提升，可以说参与体育运动已经成为社会发展的趋势与潮流。而在数字化和信息化发展应用日益成熟的过程中，高校体育场馆管理与运营迎来了快速发展的重要机遇期。探究体育场馆管理与运营的具体机遇，将会为高校体育场馆实现最佳利用提供实质性的帮助。

客观而言，数字化技术的成熟应用，无论是技术的体系化，还是其与各个行业之间的融入应用，都大大超越以往，因此，成熟的信息技术与完善的实施为该项管理工作具体开展奠定了重要的基础和前提。结合高校体育场馆资源建设的具体状况，构建合理的管理及运营体系就成为可能。当然，高校体育场馆作为公共场所，要想实现最佳应用效果，就必须将人们的多样需求系统化地融入其中，而在数字化背景下，收集、汇总和统计分析人们的体育运动需求就成为可能，其得到的数据内容，能够为整个体育场馆的管理和运行提供合适的决策依据。

不仅如此，当前社会大众对体育运动的关注度在不断提升，如今在高校体育场馆管理与运营过程中，可供借鉴及应用的元素更为全面、多样，如市场化的运营公司、更为科学化的管理模式等，这些都是数字化背景下高校体育场馆管理与运营的重要资源。从高校体育场馆管理的具体状况来看，传统模式中的弊端与不足日益突出，因此结合当前

数字化发展应用日益成熟这一背景，探究适合高校体育场馆管理与运营需求的变革机制就极为必要。

三、数字化背景下高校体育场馆管理与运营的具体变革思路

结合数字化成熟应用这一背景，当前在高校体育场馆管理及运营活动开展过程中，要想充分有效地满足高校体育运动推进的要求，就必须结合学生的具体培养需要，通过融入当前信息化技术应用的具体特点，从而实现体育场馆的理想运营效果。

首先，要在充分有效吸引社会多元化投资的基础上，丰富投资渠道，充分利用数字化广泛应用这一背景，细化资金来源，从而为高校体育场馆管理与运营引入更为全面的资本提供充足保障。对于高校体育场馆管理及运营活动开展来说，想要实现最佳管理效果，其前提就是要具备发展的必要资本。在数字化背景下，资金来源的途径可以借助互联网渠道，化解资本压力，同时丰富资金来源，进而解决资本相对欠缺的问题。当然，在数字化背景下，信息更为公开透明，因此，资本利用也更加科学、高效。

其次，要充分利用数字化模型的相关理论方法，对社会大众和高校师生参与体育运动的习惯及时间等一系列元素进行汇总，通过构建具体的模型，进而为高校体育场馆管理及运营工作开展提供科学合理的依据。例如，结合不同群体参与体育运动的时间和兴趣爱好，制定不同的方案，在对参与人员进行分流的基础上，从而满足全民体育运动的参与热情。可以说，对于高校体育场馆资源利用与管理运营活动来说，其有着庞大的工作量和不确定性，而传统的模式根本无法满足这一管理需要，因此要结合数字化成熟应用这一背景，探索高校体育管理与运营数字化管理机制。

最后，在当前整个高校体育场馆管理与运营过程中，其可以借助各个高校的体育场馆资源，搭建综合利用的管理平台，这样不仅能够有效节省场馆的管理与维护资本，同时也能在这一过程中实现整个资源的最佳利用。而在这一过程中，想要获取最为客观、科学的数据内容，就必须在借鉴和利用数字化管理机制的前提下，搭建区域内高校体育场馆资源利用的最佳平台。当然，数字化成熟利用不仅需要对学生的需求进行细化和筛选，同时更需要注重对获取数据的客观性进行充分把控，确保获取的数据内容能够为高校体育场馆资源的管理应用奠定相应的基础和前提。客观而言，高校体育场馆在资源建设与利用的过程中，需要将内部资源与外部资源进行系统化融入，从而实现理想的运营效果。

数字化是信息技术成熟发展应用的重要时代特征，而"数字化＋"对社会各行业的发展与推动大大超出了常规意想，从而成为整个时代发展的重要元素。然而在整个时代发展的过程中，高校体育场馆在具体的管理、运营过程中，缺乏合适的经营主体，加上市场化程度不够，从而影响了整个高校体育场馆的运行实效。因此，结合数字化背景的应用时代趋势，探究高校体育场馆管理与运营的合理机制就极为必要。不仅如此，数字化应用不仅能提升整个高校体育场馆的管理效率，同时还能充分满足社会大众和学生对体育运动的参

与热情和实际需要。

第五节 后全运时期高校体育场馆运营与管理

高校的体育场馆在全运会举行时期都曾有过比较大的资金投入，也发挥了应有的作用，可是在后全运时期其使用率、资金的回笼、维修保养都存在不少问题，其实体育场馆的赛事结束后的运行在世界范围内都是一个比较突出的问题。笔者走访调查了一些高校体育场馆的开发以及使用情况，找出其中症结，分析了其中的各类影响因素，然后提出了一些意见，以期提高体育场馆赛后运营的科学水平，进而提升我国体育产业的资本利用率。

全运会作为我国的影响力巨大的体育盛会，其对于全民体育运动的推进和相对应的城市经济发展有不可估量的作用，国家在相关的设施、人员、资金方面的投入也是巨大的。高校体育场馆正是国家投入对象的重要组成部分，其在后全运会时期的经营管理是一个不容忽视的问题。它肩负着高校师生教学以及锻炼的重任，同时还是周边市民健身的重要活动场所，学校需求和社会价值两个方面要兼顾。所以直面这些问题，充分利用高校体育场馆的各类设施资源，发挥多种经营，总结体育赛事结束以后高校体育场馆的经营和管理经验很有必要，对今后体育场馆的赛后再利用提供了更多层面的解读与思考方向。

一、新形势下我国高校体育场馆的运营功能转化

首先，高校里面无论是体育老师教授学生体育技能，还是本校体育队的日常训练，或者本校运动会等体育竞技的开展、相关的群众性健身活动的进行都需要在本校体育场馆中进行，满足这些学生的上课、训练需求是高校体育场馆最重要日常保障，同时也是最基本的功能展现。其次，伴随着经济的发展和社会的进步，生活水平不断提高的人们开始把目光投向了健身。然而，社会上的体育场馆并不能满足全民健身的需要，在这种情况下高校体育场馆的开放就可以达到双赢的目的。一方面人们的健身需求得到了满足，另一方面高校体育场馆的资源也不再浪费，相关设施的维护管理支出也会逐渐下降。

二、我国高校体育场馆运营的现实困境

首先，高校场馆的使用度不高。调查发现，受相关制度的制约，我国的一些高校体育场馆的功能仅限于日常教学，很少对外开放或者承接一些大型活动，甚至有时候对学生开放的时间也有限制。落后的管理观念和运营模式致使高校场馆的利用率较低。其次，高校体育场馆有能源及设备等资源浪费问题。一方面，舒适运动空间的缔造需要恰当的温度、湿度及照明条件，这些条件的创造都需要消耗不少电量等能源。可是管理人员在离开场馆时，常常存在空调未停、电未关的现象。另一方面，大量设施的闲置和其维护保养费用的

增加都是不同角度的浪费。

三、后全运时期高校体育场馆管理模式

（一）教学为本兼济服务社会

随着后全运时期的到来，高校体育场馆服务师生的功能逐渐恢复，为体育教学提供安全舒适的环境成了体育场馆的重要功能。在此基础上，很多体育场馆开始对外开放，这是适应全民健身潮流的一种表现，是高校体育场馆社会价值的重要组成部分，是优化资源配置的一种途径。除了满足正常的体育教学需要以外，高校体育场馆也为学生课余锻炼提供了便利。高校非体育专业的学生每年体育课的数量是有限的，光靠体育课上的锻炼很难有良好的效果，学生的体育兴趣也得不到充分培养，身体素质的提高也是空谈。体育场馆的开放为学生课余时间的健身运动提供了便利条件，弥补了之前的不足。在服务社会方面，高校体育场馆面对社会实行有偿开放，既提高了体育场馆的综合利用率，又增加了收入，体育场馆闲置、设备设施浪费的现象不复存在，体育场馆运行成本大幅度降低，真正实现了"以馆养馆"。针对社会上的体育爱好者对体育场地的需求，高校体育场馆要积极适应社会，进行多元化经营，适当举行一些规模性的体育赛事。对一些新潮的体育用品也可以适当引进，这都是增加体育场馆吸引力的重要举措。有了这些自我创收、自我造血的能力，体育场馆必将越来越有魅力，吸引越来越多的人到来，充分发挥其该有的作用。

（二）体育场馆附属功能不断开拓，为第三产业发展提供新思路

除了教学和健身之外，体育场馆还有一个重要的功能就是组织体育赛事。一个具有良好品牌效应的体育赛事不但能给市民提供视觉盛宴，而且还能促进体育产业与健身活动有机结合，进而产生大量就业岗位和经济效益。另外，在高校体育馆组织体育赛事也是高校体育与地方体育相互促进协调发展的重要一步。政府体育管理部门可以通过不同形式的宣传来增强广大人民群众的体育锻炼意识，引导市民积极参与到健身活动中来，提高市民身体素质，这正是国家下大力气建设高标准的体育场馆的最终目的。市民身体素质得到提高，第三产业也得到发展，这才是高校体育场馆应该进入并持续存在的状态。

（三）引进企业管理模式，推行集团化经营

首先，市场经济条件下，高校体育场馆想要获得良好的发展就应该充分尊重其市场规律。在发挥好教学的本职功能的基础上转变固有的思维方式、自负盈亏，引入集团化运营管理，进入企业学习先进管理模式。其次，后全运时期体育场馆的使用方式其实是有很多种的，除了校方自主经营以外，还可以用招商引资的方式吸引经验丰富的社会力量参与进来，也可以直接把场馆的经营权拍卖出去。毕竟专业的体育经纪公司和体育管理公司来经营体育场馆会少走很多弯路。再次，集团化运作的优势在于它能够在管理效率、资金利用的合理性、运行成本的节省、场馆资源的合理分配、团队的管理等方面做得更好。具体说

来，集团化运作有利于体育文化、旅游、展览等活动的举办，也有利于高水准体育赛事的举行，体育明星、文艺明星的加盟在集团化运作下都不再是难事。此外，户外广告、企业冠名、房屋租赁、体育学习班等多种经营方式都是可以采用的，"以馆养馆"就是要打破约束实现经济效益的增长。

（四）引进体育专业管理人才进行科学管控

当前，高校体育场馆的日常管理者以体育学院的教师为主，他们在教学之余还要担负起场馆的运营，无论是精力还是能力都有所欠缺，这对于高校体育场馆的充分利用是不利的。鉴于此，引进专业的体育场馆管理人才才能管控风险，加强场馆使用率的同时增加场馆的收入水平。有了丰富的维修基金可以对场馆加大维修的频率，使场馆得到更精细化的保护与利用，组建专业的管理队伍在后全运时期的高校体育场馆运营和管理中就显得很关键。组建高水平的体育场馆管理团队除了从学校外面引进人才以外，还可以有计划地培养本校的管理人员，定期组织人员去经营效果良好的体育场馆进行观摩和学习。高水准的管理队伍，一定能让后全运时期的高校体育场馆焕发活力，充分发挥其价值，既满足学校教学的需要，又满足周边社区市民健身的需求。

综上所述，后全运时期高校体育场馆的运行需要在以下五个方面做足文章：第一，在满足本校体育教学和学生体育锻炼需要的基础上积极对外开放，从而实现其提升市民身体素质、为市民健身服务的社会价值，同时也获得一定的经济收益。第二，多种经营是赛后高校体育场馆焕发活力的必由之路。第三，高水平的专业管理队伍是后全运时期高校体育场馆高效运转的保证。第四，企业管理模式以及集团化科学运作是高校体育场馆合理使用和持续健康前进的关键。第五，高校体育场馆的空间是举行体育赛事乃至演唱会等大型活动的优选场地，对其充分利用可以取得意想不到的收获。

第六章　高校体育场馆管理的理论研究

第一节　高校体育场馆管理创新

高校体育场馆设施是保证体育教学、课外体育活动和训练、竞赛正常进行所必不可少的物质条件，是学校基本教学条件建设的有机组成部分，也是实现"建设世界一流大学"办学目标的重要内容之一。这些场馆一般以学校筹资为主，国家拨款、社会资助、个人捐赠为辅建设而成。体育场馆水电消耗很大，维修养护费用和人员开支也很高，已成为学校财务的沉重负担。高校体育场馆如何在市场经济条件下实现可持续发展，是高校必须面对和解决的紧迫课题。

但是，高校体育场馆的市场化运营，不能因商业经营活动和经济利益而影响正常的教学秩序，要保障体育教学和学生文体活动场地设施的优先使用权，始终把社会效益放在首位。要发挥高校体育场馆在人才培养中的重要作用，全面提高大学生的身体素质和健康水平，培养德智体全面发展的高水平专业人才。

本研究采用文献资料法和专家咨询法。

（1）文献资料法。检索了2005—2011年发表的有关体育场馆运营、体育无形资产开发的文献资料及硕士、博士论文110余篇。

（2）专家咨询法。咨询与本研究领域有关的高校体育场馆的负责人和有关专家学者。

一、高校体育场馆市场化开发与管理模式

市场经济条件下，高校的体育场馆和体育服务需要进入市场。高校体育场馆在完成高校体育教学、训练、竞赛和学生课外文体活动首要任务的同时，要积极探索适合高校特点的体育场馆市场化开发与管理模式。

（一）建立高校体育场馆管理团队

高校体育场馆的开发与管理，涉及广告策划、法律咨询、传媒联络、体育竞赛、商务管理、物业服务以及公共安全等多个领域，是一件非常繁杂和专业性很强的工作，没有专业化团队来运营管理是不可能完成的。

原北京理工大学体育部主任、现北京市大体协秘书长刘启孝教授说："目前亟待解决

的问题是如何组建一支专业运营队伍，对场馆进行科学化、企业化管理和深度市场开发。"又说："目前，学校的体育馆是体育部负责，但是体育部基本上由体育教师组成，不具备专业的场馆管理和市场开发知识。"类似的问题同样存在于其他高校中。作为高校体育教学系（部），面对日益增多的体育场馆设施，很难兼顾教学和场馆管理，甚至出现体育场馆设施日见损坏的问题而难以解决。随着高校体育场馆数量的增加、功能的拓展，场馆管理的专业化问题显得愈发重要，引进、培养既懂体育又熟悉市场化运作的复合型人才尤为紧迫。

为充分挖掘和利用高校体育场馆资源的使用价值，高校需要引进既懂体育，又具有经济、法律、广告、传媒等相关专业知识的复合型的职业经理人才，建立体育场馆管理团队，代表学校专门负责体育场馆的开发与管理工作。该团队要负责场馆资源分析、竞赛组织、传媒联络、商业开发、安保物业、招标拍卖等一系列繁杂且专业性很强的开发与管理事务，作为甲方代表，还要负责与体育场馆开发的各个利益相关方就合作方案和赞助合同进行反复的磋商、协调和谈判。通过高校体育场馆管理团队高效率的工作，既保证高校体育场馆设施器材正常完好、体育教学正常进行，又能面向市场进行商业开发与运营。

（二）委托体育场馆运营公司代理专项业务

由于体育场馆要承接重大体育赛事，场地及设施的维护费用又非常高，利用难度非常大。据天津"水滴"体育场负责人介绍，为了破解大型体育设施的运营管理这个世界性的难题，经过近两年的慎重研究，2008 年，"水滴"体育场选择北京体育之窗文化传播公司作为战略合作伙伴，双方签署了战略合作协议，把国内外先进的管理理念与场馆设施优势相结合，实现价值的最大化。北京市社会科学院体育文化研究中心主任金汕曾建议："以我国目前的情况来看，确实缺少管理大型综合体育场馆的经验，可以引入国际著名的体育场馆运营公司。例如全球第二大体育娱乐公司 AEG，把伦敦千年体育场这个亏损大户进行重新规划和资源整合，成功扭亏为盈"。

高校体育场馆在引进复合型人才组建管理团队的同时，还要与专业运营公司合作，委托公司代理场馆专项业务，负责机电设备的维修和操作、场地和体育器材的供应、广告策划宣传、市场推广招商、赛事引进承办、各健身俱乐部管理、售票服务系统、安检和物业服务等。高校体育场馆则主要负责协调和监管专业运营公司的服务质量和水平，使场馆整体运营井然有序。这种委托体育场馆运营公司代理专项业务的模式，将缓解高校体育场馆专业管理人员短缺、缺少专业的场馆管理和市场开发经验的现实困难，大大提高高校体育场馆市场化管理水平，实现场馆资源价值的最大化。

（三）大力开发利用高校体育场馆无形资产

据报道，2006 年新加坡邱德拔基金曾向北京大学捐赠约 1.733 亿元人民币，用于支持北京大学体育馆暨 2008 北京奥运会乒乓球比赛场馆的兴建。2008 年北京奥运会后，北京大学将该体育馆冠名"邱德拔体育馆"。在新闻发布会上，北京大学校长许智宏指出，在北大的发展过程中，社会捐赠作为与政府拨款、办学收入相并列的一项重要资金来源，长期以来在学校的学术研究、学生生活和校园建设等诸多方面发挥着非常积极的作用，极大增强了学校持续发展的空间和能力，是北京大学创建世界一流大学的重要推动力。

现在，"邱德拔体育馆"不但可以满足举办国际、国内各类大型体育赛事及其他大型活动的需要，更成为北大全校5万余名师生员工和周边社区群众的体育教学与健身活动基地，为北京大学的体育教育事业乃至首都的体育文化活动提供了有力的设施保障。

据北京大学"奥运金融支持工程"项目组组长何小锋教授说，很多人想投资体育场馆，"想拥有一些冠名权"，但很少有人想拥有经营权，因为常规比赛很少，而体育场的维护费用却高得惊人。

可见，高校体育场馆开发利用无形资产冠名权，不仅是其生存和发展的需要，也恰好契合了企业的赞助投资需求。这种给体育场馆冠名的赞助模式，虽然目前只存在于北京大学，但它预示了高校体育场馆冠名权市场的广阔开发前景和所蕴含的巨大商机。高校要提高对其商业价值的认识，大胆开发利用这一"沉睡的巨额资本"。通过这个非常有效地运营模式，把白白流失的无形资产转变成现实的资金，使其成为体育场馆最大的创收渠道，为体育场馆的兴建、翻新和维护提供大量的资金支持。

国外发达国家的经验表明，大型体育场馆扩大经营效益最重要的途径就是开发无形资产的价值，冠名权等无形资产的开发收入是高校体育场馆最大的收入来源。可以说，能否有效地开发无形资产，将决定高校体育场馆市场化开发与管理的成败。

（四）使高校体育场馆成为多功能大型活动中心

从历届奥运会举办城市赛后场馆利用率来分析，单体场馆闲置率较高，而进行商业开发、酒店、展览会、会议、办公等综合利用，是行之有效地方法。据巴塞罗那帕劳·桑特·霍尔迪体育场等主要奥运场馆的运营公司总裁顾问约迪·维沃尔杜介绍，1998年以后，巴塞罗那市政府建立了巴塞罗那珀摩西奥 Promoció 公司——政府属下一个私企，负责管理奥运场馆和 Montjuc 公园（巴塞罗那的自然保护区，是奥运场馆所在地）。约迪·维沃尔杜在总结巴塞罗那奥运场馆赛后运营经验时说："从1989年到2003年，我们举办了超过4100次活动，累计达到2350万以上的观众和1630万以上的游客。奥运场馆所有的活动项目中，38%的活动是体育赛事，24%是音乐会，11%是家庭活动，27%是其他类活动（包括展销会、产品发布会、宗教活动、公司活动以及政治活动）。"巴塞罗那的经验证明，场馆的运营和维护不需要任何的政府补贴。

根据国外大型体育场馆的运营经验和规律，体育场馆的运营主要以组织大型体育、文化娱乐、商贸会展、政治集会等活动为主。高校体育场馆要通过调整观众席位和挖掘体育场馆辅助空间的方法，千方百计扩大体育场馆使用面积，尽可能扩大体育场馆的使用人群。依托体育场馆的大空间、大场地优势，利用其方便的交通、停车条件，积极吸引和承接各类体育、文化、商贸、娱乐等大型活动，介入大型会展和文化娱乐业，使高校体育场馆成为优先满足学生需求、兼具市场化商业运营的多功能大型活动中心。

（五）提高高校体育场馆设施的利用率

场馆利用率是世界各国体育场馆经营能否成功的一个标志性指标。目前，美国体育场馆绝大多数是通过提高场馆使用率实现营利的，如美国丹佛的体育场，每年平均举办的比赛都在 100 场以上，体育馆的使用率更高，每年组织职业篮球赛和冰球赛 80 ~ 100 场。另外，还组织 40 ~ 50 场音乐会、文艺演出、马术表演和学校集会等活动，年观众达 1 300 万人次。

一方面，高校体育场馆要利用平面、立体、网络等宣传手段，大力宣传本校场馆的优势和特点，把自己主动推介到市场上，让公众知悉高校体育场馆的"多元化"功能和资源优势。要积极与相关机构联络，探讨举办各类大型活动的可能与机会，并对一些崭新或具有创意的活动提供租金优惠。另一方面，还要积极配合主办单位的市场策略，例如支持 24 小时运作，以确保入景、拆卸及装台等工作顺利进行；灵活处理主办单位因市场需要或其他突发事件而提出的安排，包括更换演出艺人、加减演出场次等。通过积极的市场推广工作和周到、细致、热情的服务，扩大知名度，提高美誉度，培育忠诚度，形成稳定的客户群体，从而确保高校体育场馆的长期有效利用。另外，在寒暑假学生放假离校期间，千方百计引进安排各类大型活动和体育赛事，提高高校体育场馆设施的利用率。

二、结论与建议

（一）结论

高校体育场馆资源的开发与管理，始终是高校必须面对和解决的紧迫问题。再好的资源如果得不到有效地利用，都会成为学校财政的沉重负担，还可能要流于荒废。

高校要学习和借鉴国外体育产业发达国家的成功经验，通过组建管理团队、委托体育场馆运营公司代理专项业务，大力开发利用无形资产，承接文化娱乐、商贸会展、集会等大型活动，提高设施利用率，充分利用高校体育场馆设施资源的优势和多功能性，变"有馆难用"为"一馆多用"，追求场馆资源价值的最大化。

高校体育场馆开发与管理模式的探索，要以市场为导向，同时也要符合高校的特点和实际。市场是不断变化的，对资源的需求方式也在不断调整中。高校体育场馆的管理者只要密切关注市场需求和走向，就能使高校体育场馆的开发与管理模式在竞争中不断完善和协调，最终实现可持续发展。

（二）建议

1. 冠名要适合学校的氛围

高校体育场馆属于高校的公共基础设施，体育场馆的冠名体现着学校的品位与形象，社会影响很大。冠名要以维护学校公共利益和公共秩序为首要原则，不能金钱至上。能够在大学冠名的，通常是有着光辉成就、完美道德和广泛影响的杰出人士或品牌悠久、实力雄厚、公益形象好的著名企业。学校要严格考量冠名者的身份、名望和声誉。

基于体育场馆的特定建筑和大学特定的人文环境，这种冠名应该与大学的整体氛围相符，应该是融入大学之中的。清华大学新闻学院的宏盟楼就是一个广告传播集团冠名的。显然，广告传播与新闻学院的氛围是相符的。宏盟集团总裁兼首席执行官约翰先生表示："宏盟楼将成为清华大学培养新一代新闻学和传播学人才的宝地。"相反，与大学氛围格格不入，影响大学独立办学精神和办学传统的，要坚决拒绝。学校要广泛征求师生的意见和呼声，要考虑师生的接受程度，避免盲目冠名导致的公众抵制情绪。

2. 交易公开、透明操作、规范合法

首先，要采用招标、公示、拍卖的方式，使高校体育场馆商业开发的交易过程公开、透明，便于大家对交易过程的监督检查，以避免出现暗箱操作和权力寻租。

其次，要设计好详细的场馆赞助开发流程，按流程进行规范操作，包括对赞助商的经营状况和市场竞争情况进行专业的调研，对高校资源开发机会即对体育场馆资源进行分析和评估，找出其中能够进行冠名权开发并创造冠名价值的资源和赞助平台等。在此基础上，还要聘请资深律师审定格式规范、条款详尽、内容完备且严谨的具有法律效力的体育场馆开发合作方案与合同文本，为高校体育场馆的开发与管理提供法律保障。

再次，高校体育场馆是学校的公共基础设施，校方尤其应当将场馆冠名情况准确、全面地在网上实时向全校师生公布，从而有利于大家对冠体和冠名取得统一认知。

最后，在招标、公示、拍卖、签约等交易的主要环节，须有公证机构在现场进行公正，确保高校体育场馆商业开发交易公开透明，操作规范合法。

3. 遵守排他性原则，保护赞助商权益

高校要树立诚信为本、实现双赢的理念，打击体育场馆内外的隐性营销活动，要避免因排他性权利界定不清引发的纠纷或对赞助商利益造成的损害。高校要严格遵守排他性原则，降低赞助商的投资风险，保障其合法利益。高校和赞助商之间是相互合作的商业伙伴关系，赞助绝非只是"卖广告"或"冠名"，而是双方资源重新配置的深层次合作。一项成功的赞助必须是双方互利互惠、互有所得，是双方资源或利益的交换与合作。

高校要严格按照合同履行义务，要做好赛事的筹备组织工作和企业 LOGO 的悬挂、安装、张贴等服务工作，逐一落实招商计划书上承诺的赞助商应得到的回报条款。如果赞助商觉得并没有得到相应回报，就会影响企业继续赞助高校的热情。对于高校体育场馆来说，全力打击营销侵权，全面维护赞助商的利益，尽可能地保护合作伙伴，是实现双赢的基础，也是我们必须尽到的责任。

第二节 高校体育场馆的安全管理

一、安全管理的重要意义

高等教育院校作为我国人才培养、科研创新的重要基地，为国家各项建设提供智力支持，发挥着重要作用。高校安全管理工作是高校生存和发展的基础，是经常性、综合性的基础工作，只有做好安全工作，才能给学校发展提供安全和谐的环境，才能保障教育事业健康发展。高校体育场馆的安全管理作为高校全面安全管理工作的重要一环，近年来随着体育场馆建设规模不断扩大、设施设备不断更新换代，功能越来越多、分类越来越细、人流量持续增加，其安全管理工作面临许多新问题，新形势下研究如何加强和改进高校体育类场馆的安全管理是摆在每一名高校场馆管理工作者面前的大课题。

二、高校体育场馆安全管理主要矛盾问题

高校体育场馆安全管理的矛盾和问题集中体现在以下三个方面：

其一，场馆面积大、人员流动量大与管理人员相对较少存在矛盾。现阶段我国各大高校的体育场馆基本都能达到主流规模，各类篮球馆、羽毛球馆、排球馆、健身馆、游泳馆等主流场馆都有配属，场馆面积大、人流量多是目前高校场馆管理特点的新常态。现阶段各大高校对投资建设新型体育场馆热情高，但对于后期维护费用的持续性、增长性考虑不足，为了降低维护成本费用，高校场馆的管理人员数量相较于其面积尤显不足，虽然目前的管理人员负责场馆日常开放管理没有问题，但如果遇到突发情况就显得捉襟见肘。

其二，设施设备多、复杂、使用频率参差不齐导致检修维护难度大，因设备故障导致的安全问题仍有一定概率。比如健身馆、游泳馆，为满足场馆使用者的需求需要采购大量设备，像游泳馆中的水处理设备，自成一套系统，各个设备相互协调作用，属于较为复杂的设施设备，一个设备出故障往往导致整套系统瘫痪，加上每个设备的使用频率和强度参差不齐，个别设备的故障周期往往较其他设备大大缩短，很难把控，即使严格按照规定定期保养检修，因设备问题导致的安全事故仍有一定概率。

其三，人为不确定因素增加。据不完全统计，各大高校的体育场馆已经成为继教学实验楼之后最受广大师生欢迎的场所，人们来体育场馆的目的主要是体育锻炼，也有开展各类竞技活动或休闲娱乐，甚至有上课或做实验的。作为开放式场馆，管理者很难注意到每个人的行为细节，因此各种人为不确定因素正在逐年增加，这些不确定因素也是诱发意外事故的重要原因。

三、安全防控措施提高改进办法

（一）完善安全防控体系建设

我们必须清醒地认识到，安全管理工作不是嘴上说说，拍个胸脯做个保证，或者是开个安全管理教育大会，签个安全责任书，明确一下安全责任就能够有效确保安全的。安全管理工作是一个复杂的系统管理工程，各个系统中的要素都必须相互支撑，相互协调，达到平衡，才能确保安全。安全管理系统最为重要的5个要素：安全管理制度、安全管理队伍、安全防范设施、安全防范技术、安全应急预案。

一是要建立健全安全管理制度。安全管理制度是一个单位通过长期工作中积累的大量风险辨识、评价、控制技术，以及安全事故教训的累计所探索和总结出来的客观规律，通过法定程序总结固定下来，发布并要求所属人员遵守，可防止工作中安全管理的随意性，有效降低人为因素导致的安全风险。

二是要建设一支专业高效的安全管理队伍。人是安全管理的主导，在安全管理的系统中人是最积极、最主要的因素。建设一支专业高效的安全管理队伍，发挥人的主观能动性，能有效统筹、调动、发挥系统内的资源，发现并弥补系统中的漏洞，解决系统中的问题，在安全系统中起至关重要的作用。一支专业高效的安全管理队伍通常包括五大要素：一是身心素质过硬专业能力突出的人；二是专业科学的业务培训；三是精良的装备配备；四是严格的岗位责任及考核机制；五是有效地激励机制。

三是要建设完善的安全防范设施和采用先进的安全技术手段来加强安全管理。人的因素虽然是主导因素，但也需要物的辅助。现阶段人力资源是最宝贵的资源，同样也是成本最高的资源，在条件允许的情况下，提高安防设施标准和采用先进的安防技术手段来加强安全管理，不仅可以弥补人员数量、精力方面的不足，还有利于将信息化手段运用于安全管理当中，促进安全管理由定性管理向定性与定量相结合发展，最终形成人防、物防、技防等手段有机结合。

四是要制订科学周密的应急处置预案，并定期演练。高校体育场馆必须根据自身的实际需要制订相应的应急处置预案并定期开展演练。如《突发事故处理预案》《消防火警人员疏散预案》《停电应急处理预案》《重大疫情处理预案》等必备的应急预案，并定期组织演练，确保险情发生时，所属人员依旧能够有条不紊地开展工作，把安全风险降到最低。

（二）坚持系统安全防控思路

安全系统的构成要素包括人、物、能量、信息四个方面，系统安全防控思路是指通过追求人、物、制度、文化等诸要素的和谐、可靠、安全、统一，使各种危险因素始终处在受控状态，进而逐步趋近于本质性、恒久型的安全目标。系统安全防控思路的优势在于系统中的每个环节、每个单元都在系统相互作用中，形成关联性整体，即使系统中部分环节出现问题，系统依然可以通过自身的平衡机制再次达到平衡，从而确保不会出现重大安全隐患。系统安全控制的主要方式手段表现为超前预防、根源控制、闭环管理、应急处置及持续改进。

超前预防就是要最大限度地掌握安全事故防范工作的主动性、积极性，采取预防性的措施和方法，将传统的外迫性安全管理指标转变成现代的内激性安全目标管理。高校体育场馆超前预防工作主要有：一是定期组织安全形势分析，定期开展安全自查，定期组织督导整改，及时排查安全隐患，解决萌芽状态的安全问题。二是对大型活动保障工作前要开展安全风险评估，对于专业领域的安全风险评估，如建筑结构安全评估、抗自然灾害风险评估等，还需邀请校内外知名专家参与评估，做到安全风险心中有数，趋利避害。

根源控制是针对各单位安全管理特点，抓准安全管理的重点难点及要害部位，及时发现、解决、疏导或控制重点问题。一是加强对重点人员的管控，如老人、小孩、残疾人员等。二是对重点要害部位加强"人防""物防""技防"的投入与监管。对于重点要害部位，在人员配备、经费投入、检查督导方面加以"资源"倾斜，确保重点安全阵地的稳固，从而以点带面确保整体安全稳定。三是及时对有安全隐患的设施设备进行维修或更换，确保设施设备不留安全隐患。四是加强对重大保障任务的管理，如果体育场馆承担高校部分大型保障任务如集会、典礼等，必须有明确的计划安排、充足的人力资源保障，制订各项处置预案、配齐防护器材等，确保大型保障任务安全顺利地完成。

闭环管理就是将管理的各个过程连接成封闭的回路，使管理系统决策、实施、反馈、调整、再实施，连在一起形成闭环，避免决策与具体落实相互脱节，杜绝了小问题小隐患在系统中不断循环积累并演变为大问题大隐患而对系统产生重大影响。

应急处置就是在面对安全问题和重大事故时，管理人员能够通过之前制订的预案，结合自身在平时安全培训中不断积累的能力素质，及时处理险情，并指导现场其他人员采取科学合理的保护自身生命财产的应急行动。为提高应急处理能力，事先必须要有完备的应急处理预案，必须建立健全应急处理机构，必须要定期组织演练。

持续改进就是通过安全管理实践经验的不断积累，安全事故教训的警示，持续对系统中的人、物、制度、文化等诸要素制定改进措施，使得系统不断在发展动态中更新完善，并形成更高层次的稳定，从而杜绝重特大安全事故，有效降低安全风险，减少事故发生。如定期针对一段时间内安全检查中发现的普遍性、典型性问题隐患，集思广益研究解决整改措施，确定措施后及时跟踪整改落实成效，如果效果不佳再研究对策，如果效果好举一反三进行推广，一旦条件成熟，将固化下来成为一项新制度新规定，巩固改进成果。

第三节　高校体育场馆外包管理

普通高校在我国市场经济发展中占重要地位，大多高校隶属于全民所有制事业单位，大部分经费都来源于国家教育经费的划拨，而随着各高校的不断扩招，学校的办学经费严重不足，导致高校场馆的运营经费严重不足。目前我国学校的体育场馆仍以小型化和中低水平为主，场馆管理水平相对较低。在高校规模不断扩大的今天，"外包"作为一种杠杆工具，可以有效地被利用在高校的一些业务上，达到提升办学效率和增强核心竞争力的目的。

高校体育场馆作为高校教学基础设施的重要组成部分，在高校建设中占有非常重要的地位。随着我国综合国力的不断增强和改革开放的进一步深化，以及国家对高等教育事业投入的增加，作为高校硬件设施的体育场馆也得到了迅速发展。就高校体育场馆的根本功能来说，它首要用途是为高校体育教学服务，也是高校师生从事体育锻炼、开展体育活动和比赛的场所。在这种思想的指导下，体育场馆不产生经济效益，投资主体是国家和集体。但随着我国市场化改革不断深入，整个教育体制也发生了深刻变革，现在的高校体育场馆不仅要承担自身的教学任务，而且在全民健身活动充分开展的今天，还要承担周边社区、企事业单位的体育活动和比赛任务，高校体育场馆的功能正在逐渐向多元化方向演变。因此，过去的行政性管理模式已经不能适应现代化体育场馆的管理需求。近年来，由于体育产业化的推行以及人们健康意识的增强，花钱买健康已成为一种新的消费时尚，体育场馆的经济价值体现了出来。场馆有了经济效益，必然会引来更多的投资人，而近几年随着高校迅速扩招，高校体育活动场所也越显不足，在体育场馆短缺问题不可能迅速解决的情况下，高校的体育场馆的管理在很大程度上影响着学校体育和社会体育的开展。本节通过阐述目前我国高校体育场馆管理普遍存在的问题，提出了我国高校体育场馆管理的新思路，以期对高校体育场馆管理工作能够有所帮助。

目前，我国学校的体育场馆仍以小型化和中低水平为主，管理模式大致有三种，即体育教学部门管理、学校后勤管理和学校设置专门的部门管理，日常工作只是场馆的使用管理和场馆的租赁管理。管理中存在的问题有领导重视程度不一、经营管理水平较低、产业化运营的手段匮乏、经济效益不高、缺乏可持续发展所需的政策环境和专业的高水平经营人才等问题。由于缺乏专业的管理模式和人员，造成高校体育场馆及其配套设备设施使用寿命减短，维修周期缩短，维修成本增加。在这些背景下，目前的体育场馆管理模式已经不能适应形势发展的需要，高校体育场馆的管理部门必须实行"自主经营，以馆养馆"才能缓解高校体育场馆昂贵的使用和维护费用，高校体育场馆管理在以服务教学为主的前提下，可实行体育场馆市场化经营模式。所谓体育场馆市场化并非是指将体育场馆完全脱离学校的管理放于社会，而是将市场化的观念运用到体育场馆的管理与经营中，以更大效益地利用体育场馆，使其更好地适应高校体育教学需要的同时，充分发挥其功能为社会人员开放，在创收的同时也满足社会人员对体育锻炼的需求，形成健康的良性循环。

一、外包的特点

高校体育场馆业务外包引发的各种问题中，失控问题是最主要、最突出的。外包商因与校园文化、校园环境的不协调，加之过分追逐商业利益就可能给学校的正常管理带来麻烦。

二、高校管理业务外包的优势

（一）改善人力资源管理质量

高校的组织特点决定了高校的人力资源种类繁多，加之高校的行政人员普遍缺乏管理专业知识，因此人力资源管理难度大、成本高、运作效率低。若将人力资源管理外包出去，可以利用专业知识，降低管理成本，提高工作的准确性，提高人力资源的运作效率，有效抵御法律风险，并且在高校需要组织重组和人事变动时，可以得到专业性的建议。

（二）满足大学内部需求的多样化

外包，是指企业将一些非核心的、次要的或辅助性的功能或业务交给企业外部的专业服务机构，利用它们的专长和优势来提高企业的整体效率和竞争力，而自身仅专注于那些核心功能或业务，从而达到降低成本、提高效率、充分发挥自身核心竞争力和增强企业对环境的迅速应变能力的目的。外包，是企业整合利用其外部最优秀的专业化资源，从而达到降低成本、提高效率、充分发挥自身核心竞争力和增强企业对环境的迅速应变能力的一种运营模式。业务外包可以帮助企业降低生产成本，提高生产效率，强化核心竞争力，它已成为现代企业竞争赖以成功的经营战略。随着外包业务的发展，它的适用范围也从最初的企业扩展到政府、医院、学校、图书馆等其他非营利性组织。业务外包运用到高校，是指高校借鉴企业业务外包的经验，并结合自身的特点，放手非核心的业务，转由外包商管理，学校与外包商之间建立合同关系，以期在激烈的市场竞争中降低运作成本，提高运作效率，凝聚有效资源，提高高校核心竞争力的管理方式。

三、场馆管理的新模式——外包给专业的物业公司

体育场馆的物业管理在商业物业管理中属于特种物业管理，与其他种类的物业管理有着很大的不同。物业管理与体育部门相配合的管理模式比较适合高校体育场馆的管理，两者分工明确，协调工作，由物业管理体系对高校体育场馆的设施设备维护、场馆服务、环境维护等实行系统管理，依法行使物业管理职责，制定场馆管理条例，制定可量化的岗位职责，公布服务承诺，使专职教师脱离维修、卫生、安全保卫等后勤保障工作，从而更合理地发挥职能部门的效力，最终调动各类人员的积极性，合理运用学校场馆资源，为学校创造良好的经营平台。

物业管理的本质是服务，高校体育场馆的物业管理就是搞好教学服务，满足教学和运动休闲的要求，物业服务要与学校的育人环境有机地、和谐地统一起来，因此其主要功能为：

（一）为学校师生创造良好的体育教学和运动休闲环境

高校体育场馆从使用功能上讲，主要是师生进行教学活动和运动休闲的场所，师生对学习环境的要求并不亚于对生活环境的要求，因为整洁、清新的学习环境不仅能保持师生身心愉悦，更能有效地提高教学和学习的效率。

（二）为体育教学服务，保证场馆设备设施的使用率

体育场馆配套设备设施的维修、养护直接关系到参加运动的学生安全和体育教学与运动训练的顺利进行，物业管理部门应该建立完善的维修养护制度、严格的操作程序和质量体系，应该在每次使用后指定专业维修养护人员对场馆的配套设备设施进行养护维修，杜绝事故发生，保证设备、设施的完好率。

（三）开展综合经营服务，为场馆维修、建设筹集资金

高校体育场馆通过物业管理公司进行有偿开放，是在满足学校正常体育工作的基础上，为缓解社会体育场馆短缺的矛盾，满足广大群众的需要，弥补体育经费而采取的一种收费开放体育场馆的行为。

四、场馆管理外包中应注意的问题

（一）重视失控问题，树立风险防范意识

随着经济的发展和生活水平的提高，大学后勤的消费群体——教职工和学生的需求日趋多样化，这种多样化的需求必然要求更高质量、更多样化的服务。原有的大学后勤所提供的服务品种单一，供师生选择的余地狭小，已经不能满足需要。因此，引入专业化的服务公司是满足大学日益多样化需求的必然措施。

（二）外部供应商的专业水平较高

外包商会对原来的校园服务带来冲击，并且外包在一定程度上挫伤了原有管理员工的积极性，影响了他们对组织的忠诚感和使命感，降低了原来员工的工作安全感，对学校产生一定的负面影响。

（三）高校外包不同于企业外包

高校属于培养人才的非营利性机构，因此在实施外包活动时要保证外包业务的福利性，收费标准应结合本地区的实际情况，注意考虑职能的服务性质而非营利性质。

（四）尊重现实与远期规划相结合

不同高校所面临的具体情况不同，因此高校业务外包的具体目标、进程以及外包方式也应该是各不相同的，不能搞一刀切、齐步走。各个高校需须根据本地区和本校所面临的具体情况，确定哪些业务可以外包，在什么时候实行外包。

（五）与外包商建立良好的、共赢的合作关系

高校应及时做好新老员工之间、管理者与高校师生之间的沟通工作，取得他们的信任。通过沟通，使他们认识到外包是一种多赢的、有效地方式，外包管理不仅是为学校利益着想，也是为广大教职员工和学生的利益所考虑。

高校体育场馆的管理者应对体育场馆的功能定位认真思考，有明确的意向，决策、管理机构要早成立，管理者要早介入，决策者要对体育项目的规则和运动特点了解，做到有的放矢。决策者要对体育场馆工作流程运行管理规律和经营特点了解，做到统筹兼顾。决策者除听取设计、体育专家意见外还要充分听取场馆专家的意见，做到科学合理。

第四节　高校体育部自主管理体育场馆

高校体育场馆作为高校一项重要的校园资源，能为学校带来很多积极的效益，目前高校采用的管理体育场馆的方式多为自主管理，而管理部门多为学校体育部兼任，学校体育部作为高校体育教学单位，在体育场馆管理中有优势也有挑战，管理者应扬其长补其短，将体育馆充分利用，创造更大的效益。

一、高校体育场馆常用管理模式及优缺点

通过调查发现，各高校中体育馆的运营管理模式各不相同，目前通常为以下三种：高校体育部管理；成立校内独立管理部门；外包给校外服务、运营团队管理。

学校体育部管理或者校内独立部门管理，都可体现学校主体对于体育场馆的控制权，能够充分发挥学校体育资源的优势，最大目标是为学校师生提供良好的体育服务与感受，但是两者又存在区别，学校体育部是教学单位，其重点是体育教学，其管理体育馆的目标是拓宽体育工作的开展，丰富师生课余体育生活，而如何使体育馆面向社会，为学校增加更多的效益，并不是体育部管理人员的强项，另外，目前对于高校教师的要求越来越高，体育教师的精力有限，如果将身心全投入体育场馆的管理，势必会降低教学质量及科研水平，此外体育教师大部分也缺乏直接管理体育馆的经验，并不能将体育场馆多方面效益最大化。

校内独立管理部门是为了体育场馆管理而设立的专门部门，在学校管理下进行工作，独立管理部门的好处是其独立性，例如财务独立、人员独立，在工作时可直接向学校申请经费，免去了很多手续上的冗杂，人员的工作性质与内容也更加明确，不用兼任多项工作。独立管理部门工作者通常是由学校招聘有经验的体育场馆管理者担任或者搭配学校体育部、后勤等部门教师共同担任，可以在保障学校体育教学、训练或其他活动的前提下将场馆面向社会开放，增加体育场馆的社会效益，减轻学校财政负担，可以与学校整体发展相

适应，也方便与学校其他部门直接交流。但是独立管理部门的缺点是招聘人员需要额外增加学校编制，需要学校的政策支持批准才能成立、运营。

外包给校外公司、管理团队是近年新兴的一种专业化的管理模式。学校相关人员首先进行招标，在符合条件的相关公司中选定一家最适合自己的公司、管理团队与其签订相关服务管理合同，按照合约的价格每年支付给校外公司一定的管理费用。目前，存在部分高校将个别场地、功能用房外包给公司管理的现象，但是将整个体育场馆全部托管的情况极少。校外公司具有的优势就是服务质量好，专业化强，学校易化解相关风险，例如部分高校将高风险的游泳池及健身房托管给外包公司进行管理；缺点是校外公司不熟悉学校情况，学校主体对体育场馆的控制权变小，校外公司考虑的主要是经济效益，校内师生对体育场馆的不满度可能会提升。

笔者选取了当地 13 所高校体育场馆进行调查，可以看出大部分高校还是采用学校体育部或者校内单独管理部门的方式进行管理，其中高校体育部直接参与管理的较多并且根据调查得知，即便是成立了校内独立的管理部门，其中参与管理的人员仍旧由从学校体育部选拔的体育教师来担任，所以本节将重点放在学校体育部管理场馆这方面来进行。

二、高校体育部自主管理体育馆初期的机遇

（一）提升学校影响力与知名度

目前，随着社会经济的发展以及很多高校新校区的建立，体育场馆已经成了高校必不可少的设施，新建的场馆大多涵盖非常多体育项目的综合性体育场馆，在占地面积、使用功能上都有了很大的提升，有些体育场馆的设计标准甚至能够承接国际性的体育赛事，所以，一个高校新建的体育场馆必定能为学校提升知名度与影响力，成为一所学校新的地标性建筑，成为人们关注的热点。

（二）带动学校体育学科及体育部的发展

在高校没有体育场馆前，高校体育部教学通常是在操场等室外场所进行，教授课程通常都是跑步、立定跳远等体育普修课程，涉及体育项目专项教学较少，学生对体育课程的参与程度积极性也不高；有了体育场馆，特别是综合性的体育场馆后，体育部可根据场馆厅房功能开设多门专项性的体育课程，使师生掌握更多体育技能，为了适应专项性的体育课程，体育部也可向学校申请招聘更专业、具有高水平运动技能的教师加入体育部的队伍，对体育部的人才储备也是一个提升。由于体育部是体育场馆的主要管理者，所以其对体育场馆的使用具备一定的自主权，体育部教师可利用体育场馆这个平台开展更多与体育相关的科研项目与专题，从而带动整个学校体育部的学科发展。

（三）促进校园体育文化的发展

高校作为文化教育单位，其一切课外物质的精神文化活动都可以包括在校园文化建设

之中。校园体育文化作为现代教育和现代体育两大文化体系的交会点，既是体育文化的重要组成部分，也是校园文化的重要内容和形式，因此，大学体育对于培养学生的健全体魄和树立良好的校风、学风起着积极的推动作用。高校体育部作为校内体育单位，对体育知识及师生对体育的需求方面最为了解，高校体育部直接管理体育场馆，可以解决体育发展的痛点，促进校园文化发展。

三、高校体育部自主管理体育馆初期的挑战

（一）管理者身兼数职，任务繁重

据调查，高校体育部直接管理体育场馆，通常是由体育部部长、主任兼任体育场馆馆长，体育部副部长兼任体育场馆常务副部长，体育部其他成员兼任其他职位。高校体育部教师是体育教学的主要力量，除了教学任务外，还有可能进行一些科研及行政方面的工作，再兼任体育场馆的工作，会消耗很大一部分精力，有可能影响到本身的体育教学工作。

（二）管理者缺乏专业的体育场馆管理技能

高校体育部教师的主要职责是负责高校体育教学的正常开展，其主要的知识储备与技能是在体育教学与训练方面，对体育场馆管理与运营的技能了解较为有限，直接参与过体育场馆管理的人数更是微乎其微，所以在接手体育场馆后，需要很长的时间适应与学习。

（三）难以达到收支平衡

高校体育场馆作为高校内的一项重要资源，其第一目标是服务师生，在满足学校体育课程及师生使用的前提下，才会考虑向社会开放，而一座综合性的高校体育场馆，其运营成本基本在 800 ~ 1000 万 / 年，如何使体育场馆发挥最大效益，做到收支平衡，不对学校造成较大负担，对体育部参与体育馆管理的教师来说也是一项挑战。

（四）化解风险的能力较弱

在综合性体育场馆中，有些运动项目为高危型运动项目，例如游泳、健身等，每年类似这些运动项目出现的风险事故层出不穷。当这些项目出了安全问题后，作为体育场馆的主要管理者，体育部自然是第一责任人，而处理此种运动风险的过程复杂，后续问题较多，体育部作为一个教学单位，处理此种风险的能力较弱。

四、对高校体育部直接管理体育场馆的几点建议

体育部教师参与体育场馆的管理，一定要发挥自身特有优势，开设更多体育相关课程，带动体育学科发展，促进校园体育文化的发展，将体育场馆作为一项重要的体育资源使用。

要最大化地发挥体育场馆效益功能，力求自给自足，减轻学校财政负担，在体育馆运营项目上要布局合理，在运营管理上要采用多种经营方式。

高校体育部管理者要在保证教学的同时，积极学习体育场馆的相关管理知识与技能，

借鉴社会体育场馆的管理经验，结合其他高校体育馆的管理方式，探索出一条适合自己体育馆的管理途径。

体育馆管理层要有风险防范的法律意识，了解国家相关的法律法规，处理好团队建设、员工劳动关系、场馆安全、财务管理的风险等。在体育馆经济条件准许的情况下，与保险公司、法律事务所合作，降低运动伤害与劳资纠纷的风险成本。

第五节　共享经济与高校体育场馆管理

共享经济下的共享发展观已成为我国五大发展观念之一，也成为指导体育场馆管理的创新理念。为了提升体育场馆共享效果和社会开放程度，本节采用文献资料法、个案分析法和实地考察法发现，我国高校体育体育场馆的三种管理体制有学校部门管理模式（体育部门、其他职能部门）、外包管理模式、混合型管理模式，与全体师生、职工、全体高水平运动员和周边有体育需求的群众共享，在满足学校教学、训练需求的基础上，也积极履行其社会功能，这种共享模式往往是互利互惠的，既有利于学校体育的发展，也有利于人民身体素质的提高。现有高校场馆管理模式仍存在一些问题，本节提出了相应的解决对策以改善这种现状，使之有利于其社会功能的发挥，使场馆发展成果与师生、群众共享。

由共享经济指导下的共享发展理念正贯穿到社会生活的很多领域，最具代表性的现代共享经济产物是 Uber 和 Airbnb 两款软件，共享单车等 APP 也快速发展起来。除了对产品的共享外，对公共资源、空间、资金、出行、教育等基本服务的共享成为一种新型的现代生活方式，在共享中实现资源的最优配置，使人们的生活更加便捷、舒适。高校体育场馆作为公共服务资源的一种，分布范围广，服务可能性大，但开发程度仍然不够，其首要任务是满足学生群体的健身需求，同时还可以考虑充分发挥其社会服务功能，在其现有管理体制下，适当加大对外开放程度和范围，实现场馆发展成果全体共享，增加创收，保持持续发展动力。

一、研究对象与方法

（一）研究对象

本节以我国高校体育场馆为研究对象，主要分析其现有管理模式和对外开放情况，探究现存的问题和可能的解决方式。

（二）研究方法

1. 文献资料法

本节以"共享""共享经济""高校体育场馆"为关键词进行检索，在中国知网检索到数百篇相关文章，从中精练出十余篇作为本节研究的文献基础，笔者还通过百度搜索引擎了解到高校体育场馆的最新发展趋势和未来发展方向，对高校体育管理模式有了初步的了解。

2. 个案分析法

本节选择了国内四所较有代表性的高校体育场馆作为案例，分析其管理及运营模式，它们是湖南大学体育馆、深圳大学城体育中心、中央党校体育馆、北京大学康美乐地厅体育馆。

3. 实地调查法

笔者到湖南大学体育馆、北京大学康美乐地厅体育馆进行实地考察，观察其场馆管理形式，对它们的运营管理有了直观的了解。

二、研究目的及意义

场馆的运营必然受到其管理模式的制约。本节旨在梳理、整合我国高校体育场馆的主要管理模式，分析这些模式的主要特征，比较其异同和对场馆发挥本职功能和社会功能的影响，从共享经济视角出发，发现高校场馆在运营管理过程中存在的问题，探索高校场馆如何与共享发展观念融合，提出相应对策促进场馆管理模式改革，更好地服务于校园体育教学工作、高水平运动队训练工作，更充分、有效地满足周围体育群众的健身需求，通过这种互惠互利关系最终促进场馆本身的可持续良性发展，为我国学校体育的繁荣发展提供更好的场地基础保障，从小的改变推动我国由体育大国向体育强国转变。

三、研究结果与分析

（一）共享经济与共享发展观

共享发展观的概念与共享经济有着密切联系。共享经济是借助网络等第三方平台，将供给方闲置资源使用权暂时性转移，实现生产要素的社会化，通过提高存量资产的使用效率为需求方创造价值，促进社会经济的可持续发展。共享经济主要包括需求方、共享平台、供给方三个要素，是一个去中介化和再中介化的过程，由共享经济发展而来的共享发展观念已成为"十三五"时期我国五大发展理念之一，这种发展观念是由社会进步的要求而逐渐形成的，它体现了以人为本的思想，发展是由人们所合力促成的，发展成果也应由人们共享，在合理的管理模式之下，让公共资源得到最大限度地使用和功效发挥。

（二）高校体育场馆与共享经济的融合

（1）高校体育场馆概念及其与共享经济理念的融合。体育场馆是指由各级政府投资或社会筹集资金兴建，由各级体育管理机构或其他行政部门、事业单位、企业负责管理的，主要用于开展社会体育活动，满足广大群众进行体育健身、休闲，组织运动训练，开展体育竞赛等经营服务的场所。体育场馆资源不仅是体育活动的载体，也是体育事业和体育产业发展的重要物质保障之一，城市中体育活动的开展离不开体育场馆资源。根据国家体育总局第六次全国体育场地普查数据公布的数据，在全国体育场地中，教育系统管理的体育场地 66.05 万个，占 38.98%；场地面积 10.56 亿 m²，占 53.01%，其中高等院校场地 4.97 万个，占 2.94%，场地面积 0.82 亿 m²，占 4.15%。

运动健康领域正在成为共享经济的新入口，高校体育场馆具备共享经济中的三个要素，它本身是一种常见的公共资源提供平台和共享平台，其需求方是全校师生和周边体育人口和潜在体育人群。在去中介化和再中介化过程中，高校的服务提供方属性将进一步强化，可利用互联网、手机终端等新型共享平台提高资源的分配和利用效率，科学有效地发挥场馆的社会服务功能，提供更好的用户体验。

（2）高校体育场馆社会功能与需求方满足。高校体育场馆多为公益性质，尤以公立学校的供给最为丰富，主要是为学校的教学工作服务的体育场所，也承担学生健身运动、校园高水平运动队训练、群众娱乐休闲的职责。根据场馆需求方类型，其功能主要划分为以下几点：

①面向全体学生，为体育课程、课外体育活动提供场所。高校体育场馆的首要功能应是为本校师生服务，室内、室外体育场馆场地应针对不同的课程做出相应的开放时间调整，制定相应的管理制度，切实保证体育课程用地的专业、便捷，方便教师授课，方便学生在课余时间开展体育锻炼，强身健体。

②面向高水平运动员，为训练计划有效开展提供场地。我国有近 400 所高校拥有自己的高水平运动队，根据不同学校的办学特征，具体项目是丰富多样的，对体育场馆的场地的空间、设施都有明确的要求。为了保证高水平运动员和教练员有序、有效地开展日常训练，提高身体素质和竞技水平，为校争光、为国争光，高校体育场馆应妥善维护场地设备器材，安排好空闲场地，为运动员的紧张训练提供基础保障。

③面向周围群众，为全民健身、全民健康提供场所。随着新时代的进步发展，群众进行运动锻炼的专业场地需求在逐渐增加，闲置时间段的高校体育场馆可以满足这一部分的需要，同时高校场馆若要提高自我造血能力，也离不开有偿开放以实现创收，这种互惠互利关系在完善的管理机制下可以实现良性循环。

（三）高校体育场馆主要管理模式及现存问题

我国现有的高校体育场馆具有很强的公益性质，但是其管理模式也可以多样化，按照经营主体主要分为三种管理体制：学校部门管理模式（体育部门、其他职能部门）、外包管理模式、混合型管理模式。

（1）学校部门管理模式。

学校部门管理模式主要是学校的体育部门、后勤部门或者其他职能部门单独或协作管理体育场馆，是我国现阶段主要采用的管理模式。学校的体育部门管理模式是一种较为传统的管理模式，目标单一，在学校统一拨款的基础上完成场馆的基本使命即可，主要是在预算范围内为校内的体育课程教学、训练、课外体育活动服务，主要任务是在课训时间内完成课前准备工作、服务工作和后勤保障工作，在其余时间几乎闲置，对外开放程度较低，营利水平不高。有的高校会建立单独的职能部门对体育场馆进行日常管理，引入合同制的工作人员，弥补体育部门经验不足、精力不够的问题，在一定程度上提高场馆服务质量和服务效率，满足校内外的体育健身需求和活动需求。

湖南大学体育馆主要由学校体育部门管理，是隶属湖南大学的教学型场馆，包括南北两个校区的体育馆，其中南校区体育馆包括综合馆、排球房、乒乓球房、形体房、室内田径跑道、体质测试房、体操房、熊晓鸽健身房，北校区体育馆包括综合馆、附层羽乒房、游泳馆、体育场、篮球场，承担日常教学和校内大型文体及政治活动，曾承办首届CUBA中国大学生篮球联赛决赛，是湖大男子篮球队的训练场地之一，现主要由体育部门场馆科管辖，大部分场馆面向本校师生开放，部分场馆面向社会开放，以课余时间和双休日、寒暑假为主要开放时段，对校外人员采取随来随收的收费方式，对校内师生、职工以俱乐部和会员制收取费用，追求社会效益的同时获取一定的经济效益。2016年，湖南大学体育学院成立了场馆管理中心，由体育部教师担任中心主任，并聘用了合同制工作人员维护场馆建设，负责清洁、安保等日常工作，管理模式由体育部门管理逐渐转变为体育部门和学校职能部门联合管理。2017年3月，基于"互联网+"技术的"湖南大学体育场馆管理和预约系统"正式上线。借助该系统，师生们可以在网上轻松完成学校体育场馆的预定。

（2）外包管理模式。

外包管理模式将体育场馆外包给个人或物业公司、专业的场馆管理公司进行全方位的管理，这是一种新型的专业化、产业化管理模式，在国外高校体育场馆管理中十分常见，但在我国引用这种方式的高校场馆较少。外包管理模式包括合同制和委托制，其中委托方式包括承包、租赁、特许经营、BOT四种主要管理方式，它引入新的场馆管理理念，采用现代化的企业管理手段和方法，在保证学校办学效率的同时，充分发挥场馆的社会服务功能，更为合理地安排两者的使用时间和空间范围，有利于提高高校场馆使用率，同时增加额外收入，实现"以馆养馆、以场养场"的良性循环，但也有过度开发、过于追求经济利益而使场馆设施受损、影响场馆形象、干扰教学秩序的潜在可能。

中央党校体育馆是一座全新、综合性的体育馆，体育馆建筑面积23348m²，内设网球馆、乒乓球馆、壁球馆、游泳馆、健身房等场馆，由国家体育总局下属华体集团的专业场馆经营管理公司负责运营，主要负责体育场馆的经营管理、咨询、赛事组织等业务。在北京大学理科教学楼地下室，北京大学体育部与康美乐联合开发地厅体育中心，设有乒乓球厅、健美厅、跆拳道厅、台球厅、跑步机厅、体育舞蹈厅和健美操厅。北京大学所有场馆由场馆管理中心进行综合管理，所有权归属为学校，该地下场馆由康美乐健身会进行日常体育活动管理。

（3）混合型管理模式。

混合型管理模式是学校部门和外包管理两种模式的结合，学校部门保留场馆的核心功能管理，主管教学工作、高水平运动队训练工作、群体工作管理，以及场馆专业设备、器材的管理和使用，将清洁、安保、财务、对外开放等场馆相关维护功能外包给专业的物业公司、后勤管理公司管理，两者分工明确、相互协作配合，既使教师从日常维护工作中分离出来，专心教学事务，也使体育场馆可以有效运营，更专业地服务体育教学训练活动，在有限制的对外开放中获得自主经营收益。

深圳大学城体育中心坐落在塘朗山下、大沙河畔，位于风景秀丽的大学城片区东南角。大学城体育中心项目总投资约为 2.5 亿元，体育中心总用地面积 171917.91m²，总建筑占地面积 45802m²，总建筑面积 38493m²，绿地率 36.5%。体育中心包含两馆一场，即体育场、体育馆、游泳馆和室外网球场、篮球场、排球场等附属体育设施，是第 26 届世界大学生运动会的比赛场馆。有体育中心综合管理办公室主管，下设工作小组、后勤管理、体育场部、体育馆部、后勤公司等部门，对体育中心进行联合管理，各司其职，各尽其事。

（四）高校体育场馆社会共享的 SWOT 分析

在社会主义市场经济下，高校场馆资源也需要得到充分的开发利用，在现有的管理体制下，各大高校场馆都有或多或少的对外开放程度，这种场馆公共资源的社会共享是十分必要的，随着体育需求的增长，其可行性也在进一步增加，作为场馆管理人员应当察觉到这种潜在的客户群体，运用科学的管理办法加以开发。

（1）高校体育场馆社会共享的优势。

①高校体育场馆数量众多，分布范围广，能有效覆盖周围群众，服务他们的体育需求；

②高校体育场馆覆盖大多数受群众欢迎和喜爱的体育项目，可选择的健身种类丰富，可针对性地满足群众的运动需要；

③部分高校体育场馆设施完备，器材多样，管理有序，有较为完备的公共体育服务基础；

④高校体育场馆收费亲民，性价比较高，具有社会共享的价格优势前提，可吸纳追求低于学校周边健身场所价格的体育人群。

（2）高校体育场馆社会共享的劣势。

①部分体育场馆开放时间受限。高校体育场馆首先要服务于本校师生的需要，如游泳馆、网球场等特殊场馆的开放受到课程安排的限制，在工作日难以保证全天候的开放。

②部分场馆可使用空间有限。高校体育场馆是学校占地面积较大的一块教学用地，通常为学生课程开展而规划面积、划拨场地，但社会体育需求远大于师生的课程和体育活动需求，在人流量大时难以保证社会共享的良好运作。

③校园场馆的服务质量普遍不高。这主要体现在服务人员和健身环境两个方面，场地工作人员多为外聘或物业公司派遣，专业程度和服务意识不及科班出身的体育学科师生，难以保证在健身过程中提供满足健身人群需要的服务，同时健身环境受到场地建设、场景打造的原始限制，跟校外专业的健身场所相比仍有差距。

（3）高校体育场馆社会共享的机会。

①国家政策支持高校体育场馆对外开放。国务院 46 号文件中明确指出"学校体育场馆课余时间要向学生开放，并采取有力措施加强安全保障，加快推动学校体育场馆向社会开放，将开放情况定期向社会公开"，这为高校的社会功能开发打入一剂强心剂。

②高校体育场馆寻求"自我经营、自我发展"新模式。在社会主义市场经济体制下，高校体育场馆由原来的计划经济体制管理模式转变为市场化的经营模式，主动寻求"以馆养馆"的新型管理模式，社会共享也成为其选择之一，通过满足群众的体育需要，承办体育赛事、商业活动提升自我造血能力，提供可持续发展动力。

③社会体育需求被进一步开发、认识。随着我国社会经济的发展进步，新时代的人们追求更健康的生活方式，体育成为他们的首要选择，群众对体育活动的需求正是场馆共享的一大驱动要素。

（4）高校体育场馆社会共享的威胁。

①高校体育场馆管理模式改革阻力较大。高校体育场馆主要为教学型的公益场馆，在将教学任务放于第一位的基础上，如何协调其社会开放功能是一项有挑战的政策任务，关系到场馆开放安排、定价、人员再分配等一系列具体问题。

②高校体育场馆的管理和维护难度提高。在社会共享过程中，学校场馆承担了教学任务和社会服务两项功能，设备、场地、器械的使用频率增加，强度增大，对它们的妥善管理和维护也是一大难题。

③校园安全问题突出。实现社会共享后，校内外闲杂人等出入机会增加，如何识别和管理健身人群，保持校园秩序和安全环境仍是一项艰巨的任务。

我国高校体育场馆管理模式的形成和分化是一个长期的演变过程，其背后是由计划经济体制向社会主义市场经济过渡的历史进程，普遍使用的学校部门管理模式是与学校体育工作任务相适应的，但是社会的发展也在给高校体育场馆管理提出新的要求，我们需要正确的认识并积极的适应，高校体育场馆执行其社会服务功能是历史的必然，也是其自身发展的需要，在磨合和调整的过程中，不断实现高校体育场馆管理的新突破，为我国从体育大国向体育强国的转变服务，为提高师生健康、提高人民体质服务。

第六节　高校体育场馆管理模式的确立依据

在我国高校体育场馆现有的管理模式中，学校直接管理模式、学校体育部门管理模式、个人承包模式、委托专业机构经营模式是特点最为突出、实践操作最为成熟的几种。具体到某一高校而言，则应当在保证高校体育场馆基本职能的情况下，依据自身的特点，发挥多种管理模式的综合优势和体育工作部门的管理优势，确立出适合自身的最优化管理模式，进而促进本校体育场馆的可持续发展。

随着我国经济的发展与体育事业的不断壮大，越来越多的大型体育场馆被建设在高校之中，以便这些优良的体育资源在承接大型赛事之后，更好地服务于学校体育教育、服务于社会。然而，大型体育场馆的赛后利用问题是当今体育界的一大共同难题，高校体育场馆如何保养与维护，如何更好地实现其社会价值和经济效益，是值得我们认真思考的课题。而这其中，管理模式的确立在高校体育场馆的赛后利用中又起着至关重要的作用。因此，研究高校体育场馆管理模式的确立依据，有着重要的教育价值、经济价值和社会价值。

一、我国高校体育场馆现有管理模式的特征分析

研究高校体育场馆管理模式的确立依据，可以而且必须借鉴我国高校体育场馆现有的管理模式。本节综合各种相关文献和实践经验，现将其中最具代表性的几种管理模式的特征分析如下。

（一）学校直接管理模式

学校直接管理模式指的是学校直接对体育场馆的使用、维修与经营进行操作，对由此产生的费用全额拨款，统一管理。一般而言，采用该种管理模式的学校都是由教学部门或者后勤部门首先安排教学所需，之后再根据情况插入学生运动队的训练工作，剩下的空档留给学生自由安排课余活动，极少对外开放经营。这种模式的优点在于保障了学校体育教学工作的正常进行，一定程度上也能开展部分运动训练工作，但是除此以外，学生课余体育活动和社区居民锻炼对场地的使用基本处于自然状态，难有真正的管理。其结果要么是场馆损耗情况严重，成了纯粹的消费单位，校方需要投入大量的人力、财力进行维修和更新；要么是课余时间场馆大门紧锁，不能发挥其应有的功能。因此，这种管理模式仅适合于场地设施较少、规格较低、学生人数较少、运动训练要求不高的学校。

（二）学校体育部门管理模式

学校体育部门管理模式指的是校内从事体育教学训练工作的部门代理学校对场馆运营进行操作。运营过程中，体育部门根据教学训练的需要，首先安排场馆的使用，并且按照学校规定安排学生课余体育锻炼的使用，剩下的时间段由体育部门负责场馆的对外开放与面向社会经营。费用支出与经营收入由学校统一调配，由体育部门进行管理。这种模式本身有着较大的优点：第一，保证了体育教学、运动训练和学生体育锻炼的需要。第二，明确了体育场馆的权责归属，体育部门有负责场地维护与更新的义务，也有经营场馆获得收入的权利，使得体育场馆的运营整体上处于一种有序的状态，国有资产能够得到有效地保护与利用。第三，专业人员进行专业操作，能够避免场馆器材的无谓消耗，减少体育场馆的运营成本。第四，在一定程度上，既完成了面向社会开放的责任，也减轻了校方对场馆维护与更新的经济压力。但是，由于体育部门的大部分教师主要是以体育教学和运动训练工作为主，难以将精力集中在对外开放和经营管理之上，使得这种模式的对外开放管理力度不够，社区居民使用场地锻炼基本上处于自发状态，面向社会的经营也难以打开市场，

经营效率不高，难以实现最优的经济效益。因此，如何提高场馆的经营效率，是运用这种模式运营的高校所必须解决的问题。

（三）个人承包模式

个人承包模式指的是学校将体育场馆交由个人来代替学校运营，并相互约定双方的权利与义务，由承包方定期向学校缴纳一定数量承包费用。一般而言，运用这种方式运营体育场馆的高校都是在划定了体育教学、运动训练的时间范围之后，将范围之外的时间交由承包方在与学校约定的权限之内自主经营。这种方式的优点在于，第一，保证了学校体育教学、训练工作的顺利进行。第二，校方有相对稳定的场馆经营收入，效率相对较高。第三，在动用学校最少人力、财力的情况下，使得学校的体育场馆处于有序的管理状态。但是，这种经营方式的弊端也比较突出。首先，学生课余时间的体育锻炼难以保证。由于承包方的主要目的是营利，在自主经营时限内，往往会为追求最大限度的利润而采取种种手段收费经营，必然使得学生对场馆的使用时间受到挤压。即便是学校规定了校内外人员的区别收费制度，也会把部分学生排除在运动场馆之外。其次，场馆自身的损耗较大。由于承包方多数情况下并不直接负责场馆的维护与更新，容易使其最大限度地对场馆进行开发使用，而很少顾及场馆的保养，导致场馆的使用寿命大大缩短。因此，这种经营模式虽然既能保证学校教学训练需要，又能给学校带来可观的收益，但是缺陷也十分明显，如果管理不善，容易出现很多问题。

（四）委托专业机构经营模式

委托专业机构经营模式指的是学校与专业经营体育场馆的机构合作，由该机构代替学校进行一部分的管理和经营实务操作，双方各自约定权利与义务，运营机构定期向学校缴纳一定费用。相比个人承包模式而言，这种管理模式给了专业机构更大的自主权限，同时也相对地需要履行更多责任与义务。一般而言，学校在安排了教学、训练所需之后，余下的所有事务都交由专业机构代为操作，包括场馆的使用、维护与经营。这种模式的优势在于，第一，可以保证教学训练对场馆的使用；第二，可以最大限度地降低场馆的使用、维护、更新所需的费用；第三，整个体育场馆的运营处于相对科学、有序的状态；第四，借助专业机构自身的影响力，有可能承接较大规模的演出、会议、比赛等活动，在一定程度上可以提升学校的影响力，为场馆增值；第五，学校还可以由此获得一定的经济收益。但是这种模式也存在一些缺陷，首先，存在着校方与运营机构间的双向选择。越是精英的场馆运营机构，越是会去衡量一个学校场馆的市场价值，由此使得该模式的运营效率与学校场馆本身的价值紧密相连，因此并不是所有的高校都适合这种管理模式。其次，该管理模式容易忽略普通居民的体育消费需求。因为大型场馆运营机构在市场竞争驱使下，会着重选择更具实力的企业团体合作，也会着重选择消费能力相对较高的客户群体，所以往往会把包括学生在内的消费能力一般的普通居民拒之门外，使得高校场馆服务社会民众的职能受到削减。

二、高校体育场馆最优管理模式确立的依据

根据上文对国内高校体育场馆现行的若干种管理模式的分析，笔者认为，对于某一具体的高校而言，在选择其体育场馆的管理模式时，需要遵循以下几个原则。

（一）保证高校体育场馆的基本职能

高校体育场馆的首要职能是满足学校体育教学，其次才是满足群众体育需求和创造经济价值。因此，在管理模式的选择上，必须适应高校体育场馆的职能定位，选择一种既能保证学校体育教学，又能使场馆在对外经营时充满活力的管理模式。

适应各个高校自身的特点。各个高校都有其自身的特点，在体育场馆管理模式的选择上，应当适应这些特点，并充分发挥自身的优势。场馆资源丰富的院校，可以选择交由专业机构代为管理，也可以选择校方或学校体育部门与其合作的方式进行管理，以发挥场馆的各项职能；场馆资源不十分丰富的院校，则可以选择个人承包或是交由学校体育部门管理的模式，以便更为灵活地管理校内体育场馆。另外，在管理模式的选择上，还应当考虑到学校地理位置、周边人群情况、交通状况、场馆的维护与保养等方面的因素。

（二）发挥高校体育工作部门的管理优势

高校内部必须有一个职能部门来专门从事管理工作，最合适的就是高校的体育工作部门。高校体育工作部门在场馆管理方面的优势突出：从事体育教育工作的专业人员对学校场馆进行管理，既能保证体育教学、运动训练和学生体育锻炼的有序开展，又能明确场馆的权责归属，避免无谓的消耗，使场馆设备的维护与更新落在实处，还能依靠业内的社会关系，完成面向群众开放和面向社会经营的责任。因此，高校在确定体育场馆管理模式时，必须发挥高校体育工作部门的管理优势。

在我国高校体育场馆现有的管理模式中，学校直接管理模式、学校体育部门管理模式、个人承包模式、委托专业机构经营模式是特点最为突出、实践操作最为成熟的几种。但是，具体到某一高校而言，对于体育场馆管理模式的选择，却不一定可以完全照搬上述几种模式，而是应当在保证高校体育场馆基本职能的情况下，依据自身的特点，发挥多种管理模式的综合优势和体育工作部门的管理优势，确立出适合自身的最优化管理模式，进而促进本校体育场馆的可持续发展。

第七章 高校体育场馆管理机制与改革创新研究

第一节 高校体育场馆管理应急机制的建立

建立高校体育场馆应急机制是高校体育管理工作的重要方面。根据高校体育场馆突发事件特点与原因，建立高校体育场馆管理应急机制，必须明确应急机制的内容与方法，从制度建设、职能定位、应急程序、方法对应评估过程等方面整体考虑。

高校体育场馆应急机制是通过分析判断突发事件的性质、类型及影响程度所采取的应急方案。高校体育场馆应急机制主要包括：组成应急小组，工作计划安排；制订互联方案，信息交流畅通；协调相关管理部门开展工作。应急机制的实施，不仅是技术性的操作手段，而且是直面突发事件所对应能力程度的体现，它更能反映高校科学管理与处理突发事件观念的转变，以及生存与现实危机意识的增强。

一、高校体育场馆突发事件及应急管理现状

高校体育场馆突发事件应急管理机制的建立，是科学化管理的重要内容。正确把握高校体育场馆突发事件的种类及其现实状况，将有利于建立系统、完整、有效地应急管理机制。

（一）高校体育场馆突发事件分类

高校体育场馆突发事件可分为以下几种：第一，个体性伤害。高校体育场馆在对校内外开放的过程中，个体伤害事件的发生率普遍较高，如游泳活动中突发溺水事件、球类活动中的踝关节和膝关节运动损伤、操类活动中的肌肉损伤等。第二，群体性事件。群体性事件是由于客观因素的干扰，导致运动群体产生负面的对抗意识与行为。例如排队参加运动等待时间过长；体育场所开放时间变化，信息发布不及时；集体对抗运动中的身体碰撞等。上述现象在一定程度上都会导致群体性事件的发生。第三，系统性事件。系统性事件具有一定的客观性。如游泳池水质问题、体育场地器材缺陷问题、参与锻炼的人数与场地器材数量不对称的问题等。

（二）高校体育场馆突发事件的特点

高校体育场馆突发事件的发生对自身的运行与管理将会产生负面影响。主要特点有：第一，多样性。随着高校招生规模的扩大，在校生人数激增，到校内体育场馆锻炼人数不断增加。高校体育场馆对外开放后，校外人员也在不断增加。由于各方面的干扰因素，不可避免地发生各种突发事件，导致高校体育场馆突发事件的多元性和不可预测性。又如运动伤害、斗殴、失窃、场地纠纷等。第二，突发性。高校体育场馆的管理者在服务的过程中，一般无法预知突发事件在什么时间、什么地点、什么人中间发生。如果管理者毫无防备，又缺乏应急机制，会导致处理问题的时间拉长，从而导致混乱的局面产生。第三，复杂性。由于高校管理比较注重人性化，往往使事情的处理比较复杂，尤其是校外人员发生人身伤害事故，社会上会有各种因素加以干扰，使得本来比较容易处理的事件，变得十分复杂。

高校体育场馆突发事件显现出多样性、复杂性的特点，其背后的原因是多方面的。从高校管理者方面来说，对高校体育场馆突发事件的认知水平，是处理好各种复杂问题的前提。高校管理者对产生突发事件的认知程度不一，导致处理问题意见不一、处理方法多元化。这些对突发性事件的认知偏差，一般反映在对事件信息的简化、个人情绪和情感对事实处理的影响，以及对事件描述方式主观性的态度等方面。在处理事件阶段，管理者往往十分相信个体判断的准确性，表现为过度自信。在事件处理结束阶段，管理者会根据突发事件风险的结果对事前的认知进行重新判断，从而影响对突发事件的认知能力。正是管理者们对突发事件认知的差异，才造成应急机制缺乏。另外，高校体育场馆在管理职能上不清晰，体育部与后勤部门都在分管，但在具体职能上不明确。对体育场馆的管理是高校管理很重要的一个方面，因为体育场馆所接待的人群数量很多，人群的素质高低不一，很容易发生各类突发事件。

从受害者方面来说，在高校从事体育锻炼的人群中，大多对国家及地方政府有关校园突发事件管理的文件和制度不甚了解，其中少数人法律意识相对淡薄，对自身或者亲属朋友产生人身伤害事故，只从自身利益出发，向学校提出各种十分苛刻的条件，寻求高额的赔偿，而不顾及国家与学校的制度管理因素。受害群体的法律意识，客观上影响着高校处理各种突发事件的圆满程度。多数人就法律对发生体育伤害事故的处理办法，存在很多的迷惑，客观导致不信法、不用法，即使有所了解也只是停留在很肤浅的层面上，甚至根本了解的是错误的信息。因此，当突发事件发生后进行利益权衡时，就会不可避免地出现错误的判断，从而严重影响对校园体育场馆突发事件的处理。

（三）应急管理现状

目前，江苏高校体育场馆在运行管理应急制度建设、危机处理机制方面参差不齐，效率低下。主要体现在：第一，缺乏具有专业素质技能的管理人员。一些高校配备的场馆管理人员，没有参加过专业培训，不能坚持持证上岗的制度。第二，一些高校制定了体育场馆管理制度，但不能坚持严格执行，制度形同虚设，客观上疏于科学管理，导致突发事件的隐患增加。第三，一些高校对参与锻炼的人群缺乏正面的教育，尤其是对运动损伤等方面的知识宣传不到位。第四，大部分高校体育场馆在对外开放过程中，没有实施参与锻炼人身保险制度，客观上导致处理相关突发事件的难度增加。第五，一般高校体育场馆对外开放过程中，都存在器材设备数量与锻炼人数上的不对称问题，容易产生使用场地器材纠纷。由于节假日期间大量的社会人员涌入校园健身锻炼，接待人员数量、次数增加，对提高服务质量与保障场馆运行安全，提出了高标准与严要求。因此，迫切需要建立一套高效的应急运行机制。

二、高校体育场馆应急机制的建立与实施

高校建立处理体育场馆突发事件的应急机制，是保证校园稳定的重要举措。明确应急机制的内容与方法，从制度建设、职能定位、应急程序、方法对应、评估过程等方面入手可以保证高校体育场馆在应急处理时有条不紊。

（一）制度建设

高校是社会的一部分，它应该遵循社会管理规范，依法治校的基本规律，应该根据学校自身发展的特点和管理的需要，制定具有针对性的若干管理制度与条例，使发生突发事件时能够有法可依。高校处理突发事件问题，首先要做的事情就是制定相关的规章制度，而规章制度的内容必须符合国家地方相关的法律制度的要求，通过制度建设，促进处理体育场馆突发事件的应急机制，成为学校整个应急机制的组成部分。体育场馆应建立健全应急值班工作制度，并设立专职信息员，及时向上级报送信息。必须加强执行制度的规范性与正常化，提高应急机制的实效性和长效性。

（二）职能定位

高校必须对体育场馆的经营与管理，做出职能定位。在相关文件和制度中，规定体育场馆的主要管理职能部门，要求职能部门明确分工管理的领导、科室、具体的管理者，对分级管理的人员应该制定相应的工作职责，明确管理工作任务，如值班表、治安监督、通信方式、事故调查、抢救治疗、善后工作等。高校体育场馆内必须设立应急指挥室、应急设备室。通过管理职能的具体化，能够全面控制与调节体育场馆的运行与管理过程。科学地实施高校体育场馆管理应急机制，必须健全管理的组织机构，一般由分管体育的校领导、保卫处、行政部门、后勤部门、学生管理部门、体育部以及辖区公安部门组成，应该明确各个部门的工作职责与管理任务。体育部为主要管理职能部门，每学期由体育部制订体育场馆实施应急机制的方案，报学校批准实施。在实施的过程中，其他部门应该定期或者不定期地对体育场馆设施的安全问题进行检查，坚决杜绝任何安全隐患。

（三）应急程序

高校对突发事件的处理必须建立一套科学可行的应急程序，按照应急程序所规定的方

式，正确处理各种突发事件。应急程序的内容应该包括：第一，建立预案编制小组。预案编制主要由体育部负责，小组由不同职能部门的管理者组成，小组成员之间相互信任、密切协调配合，以保证编制预案的顺利。第二，体育场馆的风险分析和应急能力评估。风险分析是应急预案程序编制的基础。应急能力评估是指依据体育场馆风险分析结果，对现有的应急能力和应急资源做出判断，明确应急救援所需要的资源需求。第三，编制应急预案。应急预案的编制应基于同类高校过去发生的事故统计资料、应急预案实施与效果、经验与教训等，以保证预案的准确与高效。第四，应急预案的评审和发布。高校体育场馆应急预案必须组织专家评审，以保证预案的科学性、合理性和可操作性。第五，应急预案的实施。体育场馆实施应急预案的过程中，注意预案的模拟与演练，并根据实际情况充实与修订。

（四）实施方法

高校体育场馆管理应急机制实施的方法主要有：第一，主体法，即明确处理突发事件的主要责任人，规定处理的权限与范围，并对处理结果承担责任。第二，经济法，根据学校相关规定对体育场馆突发事件的受害者，根据实际情况以及承担的责任，在一定范围内给予经济补偿，这种补偿应该依据管理制度的规定。第三，协同法，高校体育场馆一旦发生突发事件，应该由相应管理部门组成处理小组，小组应该加强协调与分工，按照学校要求，正确处理好各种突发事件。第四，条件法，高校体育场馆应该配备相应的必要器材与设备，对一般性运动伤害的事件能够及时处理。高校体育场馆一旦发生突发事件，相关职能部门反应要及时，迅速控制事发现场与过程，仔细掌握第一手资料，准确对事件做出判断。实施高校体育场馆应急机制，应坚持以防为主，通过严格管理、制度建设、应急预案、宣传到位等手段，防患于未然，以保证体育场馆运行的正常秩序与效益。一旦发生突发事件，必须准确采取切实可行的处理方法，要使各种处理方法具有针对性与实效性。

（五）评估过程

高校实施体育场馆应急机制的过程是科学管理的过程，应该对实施过程进行评估。一方面，通过评估对实施应急机制的过程做出准确的评判，判断其可行性与可操作性；另一方面，通过评估对实施应急机制过程中存在的不足进行分析与研究，提出改进的措施。

总之，高校体育场馆管理应急机制的建立与运行，关系到学校事业能否科学发展。高校管理者必须充分认识到加强高校体育场馆安全管理的重要性，通过建立应急机制，正确处理各种突发事件，保证校园的安全与稳定、发挥体育场馆在高校社会服务中的作用。

第二节　校市共建共享的高校体育场馆管理

高校体育场馆主要功能是为高校体育教学和学生的课余体育锻炼提供场地和设施，同时也可向社会开放以满足社会民众对体育锻炼的需要以及获取一定的经济收益。作为校市共建的体育场馆，面向学校内部和社会同时开放是运营管理的必然选择。可通过拓宽筹资渠道、走市场化经营模式、处理好体育教学与有偿经营的关系、提高管理人员的管理水平及引进高水平的体育赛事等方式加强对校市共建共享的高校体育场馆的管理运营，在保证高校教学与学生课余锻炼的基础上实现社会效益和经济效益的"共赢"。

高校体育场馆是高校体育教育的重要设施，是学生运动健身、举办各类体育比赛与活动的场地，其运营模式直接影响着高校体育教育的改革与发展。随着社会的进步，目前体育运动越来越受到社会民众的重视，参与体育锻炼的人越来越多，而政府或社会的体育场馆设施越来越无法满足人民群众参与体育运动的需要，这为市场经济条件下高校体育场馆开展经营活动提供了有利条件，使其开展市场化经营成为可能。作为高校，传统的关起门来运营的模式越来越不能适应当前高校体育与后勤改革的需要，在经营管理上也需要大胆革新，积极向外开拓，进行综合开发管理，逐步向社会场馆过渡，进行社会化、产业化的运作。而作为校市共建的高校体育场馆，通过社会化、市场化的管理，可以实现高校经济效益与社会效益的"共赢"。

一、高校体育场馆的功能与开放方式

（一）高校体育场馆的功能

校内教学服务。高校体育场馆的主要功能是为校内体育教学、体育比赛以及学生运动训练、课外体育活动提供场地，这是高校体育场馆的主体功能和建馆依据。

社会服务。体育场馆的功能呈现多元化，管理模式呈现多元化。如为政府和社会各类体育比赛活动提供场地，向学生和社会开放，收取一定的费用，以达到自主经营的目的。

（二）高校体育场馆开放方式

高校体育场馆的使用和服务是以学生参加体育活动的时间为轴心，除了教学比赛和训练外，更主要的是完成广大学生的课外体育活动。目前一般高校的场馆开放都是以三种方式出现。

控制式开放。控制那些全封闭或半封闭的场馆按管理条例来开放使用。这部分场馆主要用于竞赛训练教学。它的特点是设施维护较好，场地破坏性小，但使用率不高，不能完全满足学生的要求。

自由式开放。由于建设时经费的原因或没有充分考虑到这些场馆的使用和管理，造成设施不全，只能 24 小时任意让学生使用。它的特点是面积大、设施简单，同时破坏性也极大，不能发展和建设，不能满足学生的要求。

收费式开放。一般针对那些学生感兴趣、消耗成本高、课内又无法大量安排的项目来采取有偿服务，如一些球类活动、游泳等普及程度较高的项目。它的特点是通过有偿服务达到以场养场的目的，减轻了学校的负担，深受学生欢迎。

面向社会开放。高校体育场馆内部分社会性比较强、收费收入较为客观的设施可面向社会开放，如网球场馆、游泳池等。面向社会开放存在管理难度大、人员进出多等问题，收费较校内收费高一些，特点是收入高，对管理的要求也比较高。

二、校市共建下高校体育场馆的运营模式探究

作为校市共建的体育场馆，面向学校内部和社会同时开放是运营管理的必然选择。

（一）面向学校内部的运营

1. 满足教学需要

体育场馆作为高校体育教学活动的重要物质条件，应明确其最重要的功能是满足校内体育教学、训练的需求，应无偿保证学生全年教学、训练正常进行，同时还要尽量满足学校运动队训练、校内的体育竞赛活动和一些群众性、娱乐性、健身型体育活动的需要，这也是高校体育馆区别于社会体育馆的重要标志之一。

2. 面向学生开放

高等院校首先应保证学生顺利完成大学的学业，同时也应提倡学生在大学里积极锻炼，强身健体。高校体育场馆在为学生提供的具体运动选项上，既要考虑到篮球、乒乓球、羽毛球、排球等体育馆传统项目，也应提供给他们诸如防身自卫、跆拳道、瑜伽、武术、健身健美、街舞、拓展训练等大学生喜爱的项目。在向学生开放的过程中，可以适当地向学生收取一定的成本费用，用来进行一些体育设施的维护和更新。高校体育馆在节假日向学生开放，既能保证学生的安全，丰富他们的业余生活，又能获得一定的经济收益。

（二）面向社会开放

我国第一部专门针对全民健身工作的立法——《全民健身条例》已于 2009 年 10 月 1 日正式实施，条例第二十八规定："学校应当在课余时间和节假日向学生开放体育设施，公办学校应当积极创造条件向公众开放体育设施；国家鼓励民办学校向公众开放体育设施。"学校教育的特殊性决定了学校有双休日、寒暑假等大量的空闲时间，如果体育馆仅仅面向学校内部开放，则一年将会有 3 ~ 4 个月的闲置时间，这对这些体育资源来说是一种浪费，因此，面向社会开放是加强对高校体育场馆管理的有效途径，具体有以下途径：

1. 用于本市各级部门和各类团体组织的体育比赛或活动

政府部门尤其是各级各类工会等常会组织开展一些体育比赛或活动，而市级各类政府或社会体育场馆资源有限，校市共建的体育场馆可有效发挥作用，与政府和社会共享其场

馆设备资源，将一些比赛或活动放在高校体育场馆内进行。

2. 面向本市企事业单位

面向本市企事业单位开放，是高校体育场馆"校市共享"的要求，也是"校企合作"的要求。高校所拥有的体育馆及场地和其他体育设施是周边地区绝大多数单位所不具备的，因此，企事业单位组织的体育活动和比赛往往会借助于高校的体育场馆。此外，诸如一些文艺演出和机关团体的各种活动，也越来越青睐于高校的体育场馆，因此，包括体育馆在内的高校体育设施正面临日益增强的社会化需求。高校体育场馆完善齐全的设施设备，尤其是专业的裁判队伍，可以为企事业单位的各种比赛活动提供全面的服务。

3. 面向社会公众

随着全民健身意识的逐渐增强，市内其他体育设施根本无法满足广大居民的健身需求，大多数市民只能望"馆"兴叹。在此情况下，高校体育也必须改变以往的运作与教学模式，以体育生活化、终身化为新的努力方向，积极做好高校体育馆向校外社会公众开放的工作，满足全民健身运动的需要。现代化的高校体育场馆如果向小区居民开放，将会吸引大量的民众前去参加锻炼。向社会公众开放可以采用买次票、办充值卡预付费等模式，对不同的活动项目采取不同的收费，和社会活动场所一样以小时或场次计费，既为社会民众提供了锻炼的资源与场地，满足了社会对体育设施的需求，又能实现高校场馆自身的经济效益。

三、校市共建共享下高校体育场馆加强管理运营的对策

（一）拓宽建设资金筹集渠道

校市共建的体育场馆建设资金主要来源于学校建设经费与市政府拨款，这两种渠道的资金来源有限，在一定程度上制约了体育场馆建设的规模与设施的水准。可借鉴北京体育大学的英东田径场、华东师大体育馆等国内外体育场馆在筹资上的经验，拓宽筹资渠道，除了学校自身建设经费与市政府拨款之外，还可大力吸引社会投入，通过找赞助、合资共建等方式，在互惠互利的基础上，加强高校体育场馆的建设和运营，投入更多更先进的设备，服务于广大师生与社会。

（二）走市场化经营模式

高校体育场馆应以市场为导向，面向社会开放，合理安排开放时间与项目。当今社会人们的健身意识逐渐增强，尤其是年轻人，愿意投入较多的钱去健身房锻炼身体，而高校体育场馆可在没有教学和训练的情况下，面向社会开放，精心培育当地的体育市场。经营者首先应该做市场调研，对目标消费群体的规模、爱好、消费能力与消费愿望等进行深入细致地调查，结合体育场馆设施的现状，建立多元化的健康体育俱乐部；开设一些大众化和受大众欢迎的服务项目，如篮球、乒乓球、羽毛球、健美操、轮滑、游泳等；结合体育场馆的实际，为参与者提供健康计划处方服务，以便于他们能够科学系统有效地进行锻炼。合理安排场馆开放时间，利用场馆闲置时间对社会开放，以优质的服务和健康的文化氛围

吸引民众，取得较好的经营效益。

（三）正确处理体育场馆日常教学与有偿经营的关系

首先要明确高校体育场馆的主要功能是满足校内日常的体育教学。高校体育场馆不同于其他社会公共体育设施，它不是完全为大众服务，也不是单纯以获取利润为目的，它的主要任务是为校内体育教学提供场地。在空余的时间，将空闲的场地设备开放出去，进行有偿经营，是正确处理体育教学与有偿经营的正确途径，既能保证正常的体育教学、训练，又能满足社会大众对体育锻炼的需要，也能充分利用好体育设施与资源。

（四）提高场馆管理人员的工作水平

首先，体育场馆建设及购买设备的资金投入较大，对设备的维修保养显得非常重要，因此可雇佣有经验、懂得设备维修保养技术的人员对体育场馆进行管理。其次，体育场馆如果对社会开放，进出人员比较多，管理难度相应提高，因此需要具备一定管理经验、懂得应急处理的人员进行管理和处理突发事件。总地来说，体育场馆不仅要雇佣能胜任日常管理工作的人员，还需要雇佣具有设备维修保养技术的人员。场馆管理人员需要担负起以下职责：一是负责校内体育场馆的安全管理；二是承担体育设备的维修保养工作；三是配合体育教师研制教辅器材设备以及各运动场地的清洁卫生等。

（五）引进高水平的体育赛事

在校市共建的高校体育场馆内举办高水平的体育赛事，是校市共享的要求，也是高校体育场馆运营管理的亮点，具有诸多的好处：能一定程度上缓解社会体育场馆资源有限的问题；可以提高高校的社会知名度，扩大该高校在社会上的影响；更好地吸引学生关注体育比赛，从而增强他们对体育锻炼的兴趣，提升锻炼意识；从一定程度上推进高校体育工作的发展。

第三节　质量管理与普通高校体育场馆管理

体育场馆是我国高校建设中的一项重要内容，通过体育场馆的建设，不仅能够为学生提供更好的活动空间，对于高校的整体水平来说也是一种较好的体现。而在高校体育场馆建设中，日常管理是非常重要的一项工作。本节将就质量管理在普通高校体育场馆管理中的实践进行一定的研究与分析。

随着我国社会水平的提升，我国的教育事业也在这个过程中得到了较大程度的发展。在现今教育理念中，对于学生不仅仅只是对其理论知识学习方面有要求，对于其德、智、体、美、劳等综合素质也有较高的要求。其中，高校体育场馆是为学生提供活动空间、提升学生体育水平的一个重要场所，在现今高校建设中具有非常重要的意义。而在目前部分高校的体育场馆管理中，还是存在着一定的问题，对此，就需要我们能够在对这部分存在问题进行充分掌握的基础上通过质量管理理论的应用获得更好的管理效果。

一、普通高校体育场馆管理存在的问题

（一）基础设施问题

对于普通高校来说，其由于在资金以及意识方面所存在的不足，就会因此使体育场馆在基础设施方面存在着一定的落后现象。同时，由于高校学生人数较多，在课余时间体育场馆往往处于长时间的高负荷状态，使很多学生的锻炼需求都不能够得到良好的满足。而在场馆日常开放的过程中，管理人员也会因为自身在管理水平、意识方面所存在的问题使相关设施在实际应用过程中出现被损坏的现象。此外，对于目前的部分高校来说，其在体育场馆基础设施建设方面往往以招标的方式进行，而如果高校由于在资金方面存在问题而使用了价格较低的器材设施，也会使实际应用效果以及使用寿命存在着一定的隐患。

（二）场馆环境问题

对于高校体育场馆来说，其不仅能够为学生提供业务活动的场地，同时也是高校开展训练、教学以及竞赛活动的重要场所。这种特点的存在，就使得体育场馆所具有的环境具有非常重要的作用，不仅能够直接对场馆功能进行支持，对于场馆的实际使用寿命也会产生较大的影响。而对于现今部分高校来说，其在体育场馆环境的湿度、照明以及温度方面也存在着不符合场馆需求的情况。

（三）人力管理问题

对于高校体育场馆来说，其管理工作较多且具有较为繁杂的特点，就对体育场馆的管理人员提出了较高的要求。而对于现今部分高校的场馆工作人员来说，由于高校资金有限，在工作待遇方面偏低，就使得场馆高素质人员出现了较为明显的流失情况。进而使现有的工作人员无论是在专业水平上还是学历上都相对较低，往往因为对自身工作目标的缺失以及工作技能上存在的不足而使场馆管理工作出现较为混乱的现象。

（四）文化件管理问题

管理制度是体育场馆良好运行的一项重要保障。目前，已经有部分高校根据场馆实际情况对相关规章制度以及操作记录等进行了制定，但是在管理方面还处于初级阶段，仅仅在口头上进行管理，并没有真正形成文件化管理。这种情况的存在，也会使体育场馆的管理工作存在着较为混乱的现象。

二、质量管理在普通高校体育场馆管理中的实践分析

（一）质量管理方针的引入

对体育场馆建设来说，质量方针是场馆工作开展的重要工作方向与宗旨。而为了能够

使场馆获得更好的建设以及运行效果，就需要积极引入国际 ISO9000 质量方针，在其要求下根据本场馆实际情况对合适的质量方针进行确定，而这也正是我们体育场馆管理工作中引入质量管理理念的重要目的。

（二）树立全员参与理念

在高校体育场馆管理改进工作中，需要在对场馆自身职责进行良好明确的同时能够保证相关人员的全员参与，所有人都应当认识到，高校体育场馆服务质量的提升不仅仅是几个人的事，而是直接关系到每一名工作人员、每一名高校领导以及每一名高校学生事。在树立这种正确的理念之后，则需要在高校领导的带领下通过质量意识的不断增强使自身的工作标准以及工作目标能够得到明确，并在对自身职责进行明确的基础上更好地进行自我管理以及自我约束工作。

（三）资源配置管理

对于高校体育场馆管理工作来说，要想在以往基础上提升自身的服务水平，就需要对自身的配套资源进行不断的改进与完善。具体来说，高校体育场馆的资源配套完善应当从以下几个方面入手。

1. 人力资源管理

对于高校体育场馆来说，其一切服务的开展都离不开工作人员的存在，而工作人员自身所具有的综合素质以及技能水平则将对体育场馆的服务场馆具有决定性的作用。对此，就需要体育场馆能够积极地开展人力资源管理工作。在对场馆不同岗位所需人才进行引进之后，还需要定期对其进行培训以及教育，通过培训的方式开展帮助其在服务意识以及服务水平上都能够得到不断的提升、满足工作需求。此外，也应当保证馆内工作人员都能够对本场馆的管理规定有充分的了解，技术人员也应当能够对场馆中器材、设施等具有良好的维修能力。

2. 基础设施管理

在场馆基础设施管理方面，场馆管理人员应当充分联系本场馆实际情况以及我国《公共体育场馆建设标准》对本场馆的主体建筑、活动区域以及办公区域等进行良好的规划与建设，通过对基础设施的良好管理保证场馆具有适合高校体育教学、训练竞赛的各方面软硬件设施，以此保证场馆在活动开展中卫生、环保以及安全等方面的需求。

3. 场馆环境管理

在国际 ISO3001 质量标准中，其明确规定了相关组织需要为工作开展提供一个符合产品需求的工作环境，对于高校体育场馆来说也是如此，需要建立起一个完整、安全的健身环境。对于高校体育场馆来说，其主要包括软件环境以及硬件环境，其中，软件环境主要是指体育场馆所具有的活动氛围与环境，硬件环境主要是指体育场馆活动区域数量、卫生情况、照明情况、温度情况等等。通过体育场馆软、硬环境的良好建设，能够为高校师生带来更为优质的服务水平。

（四）服务方式管理

当对体育场馆资源配置情况进行良好的改善与解决之后，就需要对场馆的服务情况做好落实工作。具体来说，我们可以从以下几个方面入手：首先，要对服务策划工作做好落实工作，作为场馆的管理者，其需要对该场馆服务对象、服务目标以及不同岗位人员的职责做好考虑与明确，对馆内不同类型的资源做好配置工作。而对于工作人员来说，其则需要能够以场馆顾客为焦点提升服务水平；其次，则需要对顾客有关的过程做好确定工作。在该方面，场馆需要调查顾客的需求和顾客对场馆的评价，场馆应评审与服务有关的要求，确保服务要求得到规定并且符合场馆自身的能力。通过同到馆顾客的积极沟通，则能够在对本馆服务信息评价进行收集的基础上获取具有重要价值的反馈信息。

（五）文件化管理

文件化管理可以说是我们实行体育场馆质量管理的一项重要要求，通过文件管理工作的开展，则能够在保证整个场馆管理工作具有良好稳定性的基础上做到有迹可循，以此对质量管理体系做到监督与改善。而在高校体育场馆开展文件化管理工作时，则需要对以下文件进行建立：首先是质量手册。在该手册中，主要具有质量目标、岗位职责、质量方针以及组织机构等内容，对于该手册来说，其可以说是整个体育场馆内部组织工作开展的重要法律法规。其次是程序文件。该文件中主要有服务策划、不合格服务、顾客对该场馆的评价信息以及相关问题的纠正以及预防措施等。再次是质量记录。该记录中主要有场馆、器材使用登记，保养维修记录，顾客反馈信息记录，组织工作人员参加学习培训的记录等。最后是支持性文件，即我国在体育场馆方面所具有的法律法规，如《普通高校体育场馆设施器材配备目录》以及《中华人民共和国体育法》等。

（六）质量体系监督措施

一套良好的质量管理体系也是保障高校体育场馆管理水平的一个重要方式。对于该管理体系来说，其在审核方面可以根据到馆健身群体信息反馈、校内人员调查问卷以及工作人员的管理经验等方面开展，通过各方面的意见与需求共同对该体系进行建立。在体系中，则能够建立起分析信息、工作情况以及组织审核的管理方式与要点，以此帮助体育场馆能够更好地对自身的管理体系进行不断的完善与改进。

此外，场馆也应当在服务质量体制建立的同时建立起科学、完整的内外部信息沟通渠道，以此使该体系在投入运行之后能够保证其实施情况同要求保持良好的一致。而在该渠道的建设方面，则需要将目标包括在校外健身人员、校内教师、学生以及管理者等，并以适合的方式（如座谈访问以及发放问卷的形式）获取其意见。

（七）服务质量体系的改进方式

（1）在服务质量的持续改进方面，往往要涉及体育场馆工作的多个环节。一般来说，在场馆的日常管理方面主要有馆内软、硬件的管理、场馆服务受体管理以及馆内工作人员的管理等等。而要想真正地实现体育场馆服务质量的持续改进，就需要将场馆的持续改进进入 PDCA 循环，即我们经常提到的计划、实施、检查与处置。

（2）工作总结也是场馆对自身问题进行发现并采取措施积极改进的一个重要环节。在工作总结过程中，需要对顾客日常所反映的问题进行积极的评审，对其中所存在的问题以及原因在正确找出的基础上对问题的解决措施进行确定，并对最终的实施结果进行记录，最后对需要采取的应对措施做好评审工作。

（3）体育场馆在对自身质量管理体系进行建立与运用时，需要对持续改进作用引起充分的重视，并将其良好的运用到场馆各个工作环节之中。通过对工作人员规章制度以及岗位职责的确立对其日常工作的开展情况做好测量、监控与分析，并在对问题及时发现的基础上以最快速度提出改进措施。

（4）在场馆日常管理工作开展的同时，也需要时刻注重服务的设计开发工作，普通高校体育场馆将顾客的需求转化为场馆自身的要求，管理人员要提供相对应的资源，提升场馆管理水平，根据场馆现有情况，研究下一步的决策，确定下一个循环目标，如此反复，实现场馆管理工作的持续改进。

可以说，高校体育场馆对于高校体育教学水平以及学生的体育活动的开展都具有非常积极的意义，在上文中，我们对质量管理在普通高校体育场馆管理中的实践进行了一定的研究与分析，需要高校体育场馆管理者能够把握重点，在积极联系自身实际的基础上通过对质量管理理念的良好运用提升场馆管理水平。

第四节　平衡计分卡与高校体育场馆管理

以高校体育场馆为研究对象，运用平衡记分卡探讨高校体育场馆的有效管理，从财务构面、服务对象构面、内部业务流程构面、创新与学习成长构面四个方面设计高校体育场馆的管理模式，为高校体育场馆的资源配置和开发利用提供依据，证明平衡记分卡在高校体育场馆管理中发挥的重要作用。

高校体育场馆是指为了满足运动训练、运动竞赛和群众健身娱乐的需要而专门修建的各类运动场所的总称。高校体育场馆是国有资产的重要组成部分，一般是高校利用国家财政投资建设而成，其基本功能是为高校体育教学服务，是体育教学、训练、课外体育活动的必要条件和重要载体，但是随着近年来高校扩招，学校规模不断扩大，许多新型、大型体育场馆在高校中不断出现，同时国家在高校建设中投资严重不足，后续资金难以继续，高校体育场馆的发展和维护面临众多难题，高校体育场馆不得不进行市场化运作，尽量获取一部分发展资金，达到"以馆养馆"的目的；而且在社会层面上广大人民群众迫切需要一个进行身体锻炼的场所，国家也在政策法规上积极推动高校体育场馆面向社会开放，在众多因素的影响下我们有必要重新审视高校体育场馆的功能。目前高校体育场馆有效开发利用不足，闲置率较高，管理人员素质不高，专业化管理人才缺乏，管理的方式单一、无效，器材损坏严重，维护成本增加，为此我们引入企业管理中常用的战略和绩效管理工具——平衡记分卡，重新设计高校体育场馆的发展目标，形成有效地管理模式。

一、平衡记分卡的解析

平衡记分卡（Balanced scorecard 简称 BSC）又称综合记分卡，是 1992 年由哈佛商学院教授卡普兰（Robert.s.kaplan）和诺顿研究所所长诺顿（Daridp.porton）倡导和提出的，它提供了一个将宏观的、抽象的战略转换成运作方案或工作计划的思维模式，同时已逐渐发展成一项战略执行与监控的管理工具，并结合战略与绩效管理协助企业实现远景目标，为此我们将平衡计分卡理解为是一个核心的战略管理和执行的工具，是一种先进的绩效管理工具，同时也是一种进行有效沟通的重要方式，BSC 被《哈佛商业评论》评为过去 75 年中最为重要的战略管理方式之一，在结构上主要有四个维度体系，即财务维度、客户维度、内部运作流程维度、学习和成长维度。

二、平衡计分卡在高校体育场馆管理中的应用

平衡计分卡作为一个战略管理和执行的工具，无疑对企业目标的实现、竞争力的增强有着重大作用，但是高校体育场馆是由学校利用国家财政投资建成的，隶属于高校体育产业，具有福利体育性、业余经营性、消费对象相对稳定性的特征。具体来讲高校体育场馆的主要功能和任务是满足高校体育事业的要求，不以营利为主要目的，在时间上主要满足高校日常体育教学以外进行经营开放，而且服务的对象主要是高校师生，对社会个人和团体的开放度不高，为此作为比较特殊的高校事业单位有没有必要引入企业管理中运用的平衡记分卡进行管理成为首先要解决的问题。早在 1996 年，卡普兰和诺顿就表示，随着信息时代的到来，服务业将发生冲击性的巨大变化，平衡计分卡最初的焦点和应用或许集中在为有效改善营利的制造业管理，但是若用在改善政府以及非营利公共机构上效果会更好，为此高校体育场馆管理引入平衡记分卡同样有效。此前美国麻省残障奥林匹克委员会、台湾大学综合体育馆都曾构建平衡记分卡，高校体育场馆实用平衡记分卡的目的是帮助高校体育馆的管理者就体育馆的使命、远景、长中短期目标及战略行动达成一致，并以此作为一个沟通工具，使体育场馆管理者及工作人员明确各自的责任，以确保目标的实现。

三、高校体育场馆运用平衡计分卡管理的主要内容

平衡记分卡在结构上主要分为财务构面、服务对象构面、内部流程构面、创新与学习成长构面四个维度，为此在场馆管理中我们主要围绕这四个维度对体育场馆管理内容进行设计。

（一）财务构面的设计

从企业层面讲财务目标是企业追求的最终目标，是平衡计分卡的焦点，然而对高校体育场馆而言，财务层面的目标并不是高校追求的最终目标，高校体育场馆有其自身的特点，资金大都来源于高校教育投资，其最终目的是为了满足高校的体育事业以及各种大型会议和活动表演等。目前由于国家对教育的投入严重不足，高校在扩招背景下举债进行学校基础建设，高校自身债台高筑没有更多的财力进行体育场馆的维护和日常管理，为此高校体育场馆不得不开拓资金渠道，实行"以馆养馆"的策略弥补财力的不足，高校体育场馆目前担负着完成社会效益和经济效益的双重功能。从财务构面设计分析，体育场馆的首要任务是完成体育教学，这是一个非财务指标，对于公共事业和垄断企业来讲非财务指标比财务指标更能反映企业的实际状况，在完成体育教学任务目标下，在财务设计上应该主要包括维护场馆正常运转的基本开支，如水、电、通信及日常办公开支，以及场馆设施的维护和器材更新、体育管理人员的工资和预防突发事件的风险资金等。

（二）服务对象构面的设计

随着市场竞争的日益激烈，市场营销在企业中的地位日益重要，现代市场营销的观念能够有效、快速地向目标市场提供所期望的产品和服务。对体育场馆而言服务目标主要由学生、教师组成，业余时间向社会开放包括部分社会个人和团体，因此在服务对象设计方面主要围绕满足学生、教师的教学训练需要。对学校师生来讲他们的主要目的是希望学校体育场馆能够满足教学训练的需要，在免费或少量付费情况下得到较好的服务；对社会个人或团体来讲，他们希望通过合理付费得到较满足的高校体育资源，进行身体锻炼和娱乐。为满足服务对象的需求，高校体育场馆应提供满足他们锻炼的时间、器材设施、环境和相应的服务质量等，需要引起注意的是当学校教学与对外开放发生冲突时应首先满足学校教学需要，为此场馆管理部门应与学校教务部门进行协商合理安排教学时间与对外开放时间，尽量满足教学和对外开放的需要，使二者都能获得较满意的结果。

（三）内部业务流程构面的设计

无论一项战略的具体内容如何，它的基本目标都是非常简单的，即为企业赢得更多的客户并建立一种可持续的竞争优势，但是战略再好如果得不到有效地实施和执行的话也无法达到预期的目标。实际上一个符合实际的战略计划本身就是一个行动计划，行动计划的执行有赖于企业内部的运作流程。对于高校体育场馆来讲，平衡记分卡建立的内部业务流程对体育场馆管理的全过程进行衡量，着眼于经营过程的综合改进，围绕体育场馆运营管理的长期目标努力满足客户的需求，不断提升体育场馆管理人员的素质，改进管理方法，更新场馆器材，及时维修场馆器材，努力提高服务质量，快速、有效地收集相关资讯提出自己的核心竞争力避免同类的竞争，协调好教学与对外经营之间的关系，一方面满足学校师生教学与训练活动的需要，另一方面不断赢得更多社会个人和团体的参与，提高体育场馆的利用率。

（四）创新与学习成长构面的设计

企业内部核心流程的卓越性取决于各级员工的能力，这是实施战略的基础，也是平衡计分卡的基点。一项对美国 500 家企业的研究表明近二十年来企业一直在寻找新的经济增长点，企业价值的实现越来越多地依靠其无形资产，即知识、技术、人力资源、品牌等，为此要实现企业的可持续发展我们必须做到建立学习型组织，有效地积累知识，有效地管理知识，有效地学习知识，结合企业内部的知识资源和专家资源提升各个方面的竞争力。高校体育场馆的创新与成长主要体现在开发项目的更新以及多元化、专业化管理队伍的建设。高校体育场馆是国家财政投资建设的，高校有责任促进国有资产的保值与增值，体育场馆为了适应市场经济的激烈竞争必须不断改进现有的服务水平，不断开发新的服务项目，提高服务效率，最大限度地满足服务对象的需求，所有这些的提高都离不开管理素质、能力的提高，为此体育场馆必须设立创新与学习成长指标体系，健全管理人员的激励机制，制定相应的管理制度，加强场馆管理队伍的建设，促进整体管理水平的提高。

平衡计分卡作为一种绩效评价和战略管理工具，现在在很多营利型组织中成功运用，国外一些非营利性组织也开始采用这套工具，并取得了良好的效果。高校体育场馆作为一个非营利性组织，同样可以引入并加以利用，高校体育场馆管理者完全可以利用此工具就高校的使命、远景及长、中、短期目标与战略活动达成一致，并把它作为一个沟通工具，使各个职能部门及其管理人员明确自己在体育场馆管理中的权责，确保战略目标的实现。

第五节　高校体育场馆对外运营的风险管理

高校体育场馆对外经营不仅能够满足群众不断增长的运动需求，形成社会资源的合理流通与利用，更能够带动整个社会良好的运动氛围，对群众性健身事业的发展具有较好的促进作用。市场行为总是伴随着风险，需要进行合理管控与开发，本节就高校体育场馆对外运营的风险进行深入探究，并提出对外运营管理手段及风险管控措施。

随着对运动场馆与设施高度依赖的游泳、羽毛球及三大球等运动的不断开展和健身需求的不断提升，我国体育场馆设施建设增速并没有及时跟上，导致供需严重失衡。而高校不仅具有高规格专门性体育场馆，更有庞大的体育专业教师与学生，若能得到合理配置，将会产生巨大的社会效益和人才效益，因此各界要求高校体育场馆对外开放的呼声一直很高。特别是 1995 年国务院颁发的《全民健身计划纲要》指出，各种国有体育设施都要向社会开放，加强管理，提高利用率。且教育部在 1999 年下发了关于假期、公休日学校体育场馆对外开放的通知，更加具体明确了高校场馆对外开放的要求。截至目前，全国约有34.5% 的高校对外开展运营，但根据实际的运营情况来看，由于风险管控能力、市场运营能力和经营模式探索能力等的不足使高校场馆市场运营意愿和开放度极低，无法满足群众性健身需求。高校具有我国最先进和规模最大的体育专门性运动场馆，且98.2%的场馆都是综合性场馆，能够最大限度地满足群众性健身需要，因此，必须探究出影响高校体育场馆对外运营的风险并寻求合理的规避措施，以打消高校管理者的顾虑，合理、有序地对外有偿使用，既满足社会不断增长的健身需求，又实现高校增收和体育专业人才的有效参与。

一、高校体育场馆对外运营风险综述

（一）高校场馆管理、开放与运营严重缺乏市场管理理念与能力，导致开放意愿较低

我国高校拥有着数量最多、规模最大的中小型专业性体育场馆，能够满足89.9%的健身群众的健身需求和开展一定专业性的竞技活动的要求，但根据笔者的调研结果显示，当前我国仅有34.5%的高校不同程度地开放了体育场馆，展现出了较好的市场前景。以北京体育大学为例，仅游泳项目每年可营利上千万。从地理分布上看，这些开放性高校场馆主要集中在北京等市场理念较好、管理经验较为丰富的一二线城市，更多高校和城市尚处于探索阶段。根据走访调查结果看，当前管理者认为高校体育场馆对外运营的主要风险是场馆管理、开放与运营严重缺乏市场管理理念与能力，管理者最担忧的3个问题是：租用人素质良莠不齐，易造成场馆、设施和校园环境的破坏，影响场馆的开放信心及正常的校园秩序的维护；高校风险管控能力不足，无法有效规避使用过程中的人身与财产安全，不得不减少开放力度以规避风险；现有的主要靠国家专项投入和社会募资的场馆资本参与模式，使高校无力承担场馆的维护与修缮费用，在这些问题的综合作用下高校开放意愿整体较低。

（二）对外经营和教学管控二元制的场馆管理模式，影响高校体育场馆对外开放的市场化进度

当前高校体育场馆的对外经营和教学管控权分别属于学校和体育教学部门2个部门，这种二元制的场馆管理模式使得高校对教学安排和场馆使用率把握不好，难以掌握每周场馆的空闲时间段，为了不影响教学，93.7%的高校不在教学周内对外开放，而是集中在寒暑假，造成场馆的空置率高，利用率不高的现实。也有部分高校市场意识较强，他们过度开发的现象，使得场馆营利能力和利用率获得了较高提升，但容易与学校各项体育工作的开展发生冲突，造成教学方的不满，很难进行持续性真正意义上的开放。

（三）高校场馆经营财务制度建设缺失，经营资金缺乏政策说明与落实，缺乏激励制度

当前我国教育职能部门虽做出场馆对外开放的政策要求，但并未就高校场馆经营的财务制度做出规定，更缺乏高校场馆运营资金的政策说明与落实，因此这部分资金成了滋生腐败和政治权力寻租的高发地，在缺乏运营激励机制规范的情况下，不仅高校管理者不愿

意进行红线触碰，体育教师、体育专业学生的参与意愿也非常低，又不能引入外部经营管理制度，因此很难产生较强的开放激励价值。

二、高校体育场馆对外运营风险管理措施初探

（一）加强国家相关政策研制，为我国高校体育场馆的对外开放与市场化管理提供坚实的依据

高校体育场馆的对外开放是一种有偿市场经济行为，不仅具有广阔的市场价值，更有多重社会效益，因此面对社会不断增长的健身需求，加快高校体育场馆对外开放政策的研制是解决社会供需矛盾最快捷、经济的解决方式，也是对社会资源的合理配置与利用的最好途径。因此，限于笔者上述体育场馆经营存在的诸多风险的分析，笔者认为解决高校体育场馆对外运营顾虑、扫清体育场馆市场化经营障碍的最首要的策略就是要求我国国家相关职能部门的相关政策研制，通过专门性政策解释、规范来解决广大高校的体育场馆对外运营的风险、建立可靠的成熟的运营模式、完善资金的监管与利用，以及明确参与场馆运营师生及从业人员的薪酬制度，特别是体育教师与体育专业学生的报酬规范，以政策的形式加以具体化与规范化来降低和加强管控高校体育场馆对外运营的风险，解决高校管理者的顾虑，并根据各校不同的情况，积极从经营制度、管理制度、财务制度三个层面进行规范，提升我国高校体育场馆对外运营的规范化和运营风险管控。

（二）建设高校体育场馆管理信息化、数字化技术手段，为高校场馆开放提供技术支持

当前我国高校仍然属国家专项拨款经营模式，因此单独依靠高校的力量进行体育场馆经营与管理技术的开发是不现实的，需要国家职能部门进行统筹管理，通过对高校场馆数量、容量、安全保障等基于信息化、数字化管理手段的问题进行统一技术开发与支持，建立以省市为单位的高校体育场馆对外开放管理与预约平台。通过使高校场馆运用实现数字化和信息化的支持实现互通互联，平台的建设使高校管理者和体育部门管理者降低了场馆管理工作的劳动强度及社会体育健身者与社会体育组织机构的盲目性，实现有序预约、有偿使用。高校可将更多的精力放在提升经营与服务的质量、关注健身群众的体验度和为健身群众提供更优质、专业的竞技服务上。这种精准的经营对策可有效化解高校场馆对外开放的无序和经营管理的混乱所造成的低效、无序运营，从而提高运营效率和场馆使用效率，更能盘活高校得天独厚的丰富的体育教师及体育专业学生资源，为我国群众性健身体育的提升提供智力支持。

（三）在学校主管下，多元化场馆经营权，盘活高校场馆经营、管理、使用与维护各环节

高校作为一个公益性组织和机构，从来都不是经营主体，长期以来的经营和管理主要

是在教育部门主导下完成的，因此在市场需求运作推动产生的高校体育场馆的对外开放与经营完全放权高校进行管理和运作，则较难以实现经济、文化、社会等多元效益。因此可引入独立运算的第三方，采用委托管理模式有的放矢地去经营管理，达到规范、全面、专业和优质服务最大化收益，使高校体育场馆既能保证学生正常教学与健身需求，又能满足社会不断增长的健身需求，支持国家文化体育事业的发展。

高校体育场馆的对外开放是一项长期性的惠民政策，但体育场馆的对外开放同时也面临着使用风险和经营风险，我们必须做好风险管控才能既能保证高校体育场馆的正常教学使用，又能满足社会不断发展的健身需要。根据笔者的大量观察结果发现，当前阻碍高校体育场馆对外运营的主要风险和阻碍因素集中在以下三个层面：一是高校场馆管理、开放与运营严重缺乏市场管理理念与能力，在市场化运作条件下无明确的政策依据和成熟的运营机制引导，导致整体开放意愿较低；二是当前的对外经营和教学管控二元制的场馆管理模式，造成教学与对外有偿使用的管理混乱，影响了高校体育场馆对外开放的市场化进度；三是高校场馆经营财务制度建设缺失及经营资金缺乏政策说明与落实，使高校管理层缺乏开放与管理的激励制度，长期难以落实。

基于上述困难与风险和今后体育场馆运营趋势，笔者提出我国高校体育场馆三个层面的对外运营风险管理措施：一是从政策层面提出，加强国家相关政策研制，为我国高校体育场馆的对外开放与市场化管理提供坚实的依据；二是从实现手段提出，建设高校体育场馆管理信息化、数字化技术手段，为场馆开放提供技术支持；三是从经营权方面提出在学校主管下应多元化场馆经营权，盘活高校场馆经营、管理、使用与维护各环节。这三个层面的举措若能层层落实，则对我国高校体育场馆的对外开放积极性刺激和开放力度将是极大的推动，更对我国社会体育资源的盘活和有效流通具有重要社会意义。

第六节　高校体育场馆经营管理的 SWOT 分析

普通高校体育场馆采取合理的经营管理方式面向社会开放对于满足社区群众日益增长的健身需要具有重要意义。本研究利用 SWOT 分析法对我国普通高校体育场馆发展现状进行分析，结合我国普通高校体育场馆经营管理现状从发展战略选择以及经营模式的选择与建立等方面为我国普通高校体育场馆经营管理发展提供对策与建议。

自 1995 年原国家体委下发了《关于公共体育场馆向群众开放的通知》后，部分高校开始以不同方式不同程度地向社会开放学校体育场地，对外开放的比率达到 64.2%，取得了良好的社会影响和相应的经济收益。然而，目前我国高校体育场馆的高闲置率与群众体育锻炼设施缺乏之间的矛盾还尤为突出。因此，利用 SWOT 分析法对普通高校体育场馆设施的内部条件和外部环境进行分析，探讨适合普通高校体育场馆发展的经营模式，使有条件的高校向社会有偿开放体育场馆，以满足社区群众日益增长的健身要求将是一项具有重要意义的研究课题。

SWOT 分析法又称态势分析法，最早由美国旧金山大学 H.Weihrich 教授于 20 世纪 80 年代初提出并被广泛应用于战略管理领域。SWOT 模式是管理者在管理中进行客观分析、科学判断的一种有效工具。要求管理者在管理工作中，综合考虑组织内部条件和外部环境的各种因素，进行系统评价。SWOT 四个英文字母分别代表优势（Strength）、劣势（Weakness）、机会（Opportunity）、威胁（Threat）。

一、普通高校体育场馆经营管理的 SWOT 分析

（一）高校体育场馆经营管理的内部优势分析

学校品牌是高校体育场馆经营的核心竞争力之一。众所周知，未来企业高端竞争方式是文化的竞争，只有文化才能保持企业长久差异化的核心竞争力。普通高校从建校至今一般都有几十年历史，学校"品牌"在当地可以说是家喻户晓，如果场馆经营与学校品牌和文化理念相结合，那么借助学校"团结、求实、育人、创新"等理念就能建立起自身文化品牌。如体育场馆的冠名就可以以"××大学（学院）——×××健身中心"的形式推出，同时可借助学校品牌优势积极承办高水平运动赛事以及将高校体育竞赛推向市场等，这些都可以提升品牌内涵、缩短品牌营销时间、降低营销成本、获得比较优势。

（二）高校体育场馆经营的内部劣势分析

高校是培养人才的摇篮，通常被视为远离市侩、超脱现实社会而存在的一个小社会。因此，有相当一部分人认为高校体育场馆属于纯公益性质，一旦实行市场化运作会有损高校的纯洁形象。这种死守高校体育场馆公益性的观念势必会给体育场馆面向社会经营带来冲击。另外，我国高校体育产业微观主体（如体育俱乐部）的所有权由学校控制，不是属于自己的独立法人实体，不能真正实现自我经营、自负盈亏、自我约束、自我发展市场化运作，内部没有形成有效地企业治理结构，对学校有较强的依赖性。

（三）高校体育场馆经营管理机会分析

1999 年，国家教育部正式实施高校教育收费制度，为教育制度改革和发展高校体育产业提供了政策支持。同年，国家推出假期双休日制度也为扩大体育消费创造了条件。同时，改革开放以来我国大力发展市场经济，使得我国国内生产总值和人均 GDP 有了很大幅度上涨，2005 年我国国内生产总值达 18.23 万亿元，人均 GDP 达到 1352 美元。按照发达国家经验，当一国人均 GDP 达 1000 美元时，人们开始追求精神文化享受，可以预见城镇居民体育文化消费需求增长势不可当。再者，近年来我国通过对体育设施的建设和完善，向社会开放更多的体育健身活动场地，增加体育健身娱乐项目，有效地扩大了体育人口，促进了社会大众体育消费，推动了体育健身娱乐市场的蓬勃发展。

（四）高校体育场馆经营管理的外部威胁分析

从微观经济学原理分析，有性质或用途上类似的可替代商品增加会影响体育消费需求弹性。近年来，像卡拉 OK、桑拿浴、演唱会等消遣娱乐业发展迅速会给体育健身娱乐业带来一定程度的影响。据调查，我国发达城市大众体育消费费用总和与其他消遣娱乐费用总和之比接近于 1：2，替代商品增加会取代部分体育消费内容。另外，随着我国城镇居民体育文化消费需求的不断增长，拉动了社会对体育健身业的投资，全国各地体育健身俱乐部如雨后春笋般成长起来，同类竞争者的增加会给高校体育场馆经营管理带来更加残酷的竞争。

二、普通高校体育场馆经营管理的对策和建议

（一）高校体育场馆经营管理应以追求社会效益为主，力求实现社会效益和经济效益的统一

我国高校绝大多数体育场馆是由国家投资兴建的公共体育设施，承担着国家赋予的教学训练任务，具有很强的社会公益性质。这就决定了高校体育场馆不可能转变为完全意义上的"自主经营，自我发展"的体育经营实体，因而不能用一些纯粹的经济评价指标对高校体育场馆的经营活动进行衡量。高校体育场馆经营追求的目标应该是"将更多的人吸引到健康运动场上，使他们加入到健康体育运动中来"。也就是运用市场的手段达到提高使用效率以及服务社会的目的。同时，高校体育场馆作为准公共产品，容易导致"公共悲剧"。因此，高校体育场馆为了获得最大收益采取适当市场化、产业化运作也是必要的，最终实现社会效益和经济效益的统一。

（二）高校体育场馆经营管理战略选择

根据 SWOT 各要素的相互配对分析，我们应该选取 ST 战略，积极利用内部优势，克服外部威胁。抓住市场需求旺盛和国家政策支持这一有利时机，整合校内文化品牌资源、人力资源和环境资源，拓展适合大众健身的中低档消费市场，并不断加大宣传营销力度，实行"以点带面、特色经营"策略，逐渐向 SO 战略转变。

（三）高校体育场馆经营管理模式的选择与建立

一直以来，我国高校绝大多数体育场馆由国家投资兴建、学校统一管理，场馆的使用和服务是以学生参加体育活动的时间为轴心，除计划内的教学、训练和赛事外，面向社会开放比率较低。在面向社会开放的这部分高校中，有完全开放的，也有部分开放的；有收费的，也有不收费的，已形成了形式各异的经营管理模式，可归纳为四种：校外承包经营模式、责任制经营管理模式、轮流值班经营管理模式和集体承包经营管理模式。这些模式在不同高校不同时期都发挥过积极的作用，但也各有缺点。通过对高校体育场馆经营管理的内外部环境综合分析，对原有的经营管理模式进行选择和改造，从学校实际和社会需求

为出发点，以管理体制改革为切入点，以体育场馆经营为核心，以市场为导向进行资源配置，以集约化经济为经营内容，以实现社会效益与经济效益的统一为目标，构建一套科学的、规范的、动态的、高效的高校体育场馆经营管理模式已势在必行。